KB181325

JLPT 급소공략

급소만을 집중 공략한
JLPT(일본어능력시험) 완벽 대비서

N3 문자·어휘

다락원

JLPT
급소공략 N3 문자·어휘 <2nd EDITION>

지은이 박병춘, 이승근
펴낸이 정규도
펴낸곳 (주)다락원

초판 1쇄 발행 2011년 4월 1일
개정판 1쇄 발행 2018년 8월 31일
개정판 7쇄 발행 2024년 8월 16일

책임편집 송화록, 손명숙, 임혜련, 최은혜
디자인 하태호, 이승현

다락원 경기도 파주시 문발로 211
내용문의: (02)736-2031 내선 460~465
구입문의: (02)736-2031 내선 250~252
Fax: (02)732-2037
출판등록 1977년 9월 16일 제 406-2008-000007호

Copyright ⓒ 2018, 박병춘, 이승근

저자 및 출판사의 허락 없이 이 책의 일부 또는 전부를 무단 복제·전재·발췌
할 수 없습니다. 구입 후 철회는 회사 내규에 부합하는 경우에 가능하므로 구
입문의처에 문의하시기 바랍니다. 분실·파손 등에 따른 소비자 피해에 대해서
는 공정거래위원회에서 고시한 소비자 분쟁 해결 기준에 따라 보상 가능합니
다. 잘못된 책은 바꿔 드립니다.

ISBN 978-89-277-1212-1 14730
         978-89-277-1205-3(set)

http://www.darakwon.co.kr

- 다락원 홈페이지를 방문하시면 상세한 출판 정보와 함께 동영상 강좌, MP3 자료 등
  다양한 어학 정보를 얻으실 수 있습니다.
- 다락원 홈페이지에서 "(2nd EDITION) JLPT 급소공략 N3 문자·어휘"를 검색하시
  거나 표지 날개의 **QR코드**를 찍으시면 **연습문제 및 종합 모의고사, 최종 모의고사**의
  해석 파일을 다운로드 하실 수 있습니다.

머리말

일본어능력시험은 일본 국제교류기금 및 일본 국제교육지원협회가 1984년에 시작하여, 현재 전 세계 54개국 이상에서 매해 60~90만 명 이상이 응시하고 있는 세계 최대 규모이자 가장 공신력이 높은 일본어 자격시험입니다. 한국에서도 대학 입학이나 취업, 승진 등에 적용되는 사례가 갈수록 늘어나고 있으며, 남녀노소를 불문하고 수험생 수가 증가하고 있는 추세입니다.

2010년에 새롭게 개정된 일본어능력시험은 과거에 비하여 '독해'와 '청해'의 비중이 높아지고 '문자·어휘'와 '문법'이 차지하는 비중이 낮아졌습니다. 이는 단순 암기식 공부의 비중을 줄이고 커뮤니케이션 능력의 평가에 중점을 두겠다는 취지라고 볼 수 있습니다. 그러나 '문자·어휘'는 다른 언어영역의 기초가 되는 만큼 그 중요성은 어떤 파트보나 중요하다고 할 수 있겠습니다.

본서는 2010년 개정된 첫 시험이 시행된 직후, 그 성격을 면밀히 분석하여 초판을 발행하였습니다. 이후 8년여 간 수많은 일본어능력시험의 학습 현장에서 활용되며 높은 적중률로 독자들의 신뢰와 사랑을 얻어왔습니다. 이에 필진은 8년간의 기출 문제를 새롭게 분석하여 개정판을 출간하게 되었습니다.

본서는 현 일본어능력시험의 출제경향과 특징을 정확히 제시하고 기출 어휘를 완벽히 반영하였으며 향후 출제 가능성이 높은 어휘를 엄선하여 새롭게 구성하였습니다. 강의용 교재로 개발하였으나 단어의 음훈 및 뜻을 표기해 두었기 때문에 독학으로 학습하시는 수험생들도 충분히 사용할 수 있을 것입니다. 필진은 오랜 기간 일본어능력시험을 전문적으로 가르치면서 쌓은 노하우로 반드시 공부해야 할 어휘만을 엄선하여 이 책에 담았습니다. 본서의 내용을 완전히 숙지하신다면 수험생 여러분들께 반드시 좋은 결과가 있으리라 믿습니다.

끝으로, 책이 나오기까지 수고해 주신 출판사 다락원의 송화록 부장님과 임혜련 차장님, 손명숙 대리님, 그리고 검수를 도와주신 新井 環, 三田 亜希子 선생님께 감사의 말씀을 전합니다.

저자 일동

JLPT(일본어능력시험) N3 문자 · 어휘 유형 분석

일본어능력시험 N3 문자·어휘는 「한자읽기」, 「표기」, 「문맥규정」, 「유의표현」, 「용법」의 5가지 유형으로 35문제가 출제된다.

問題 1　한자읽기

밑줄 친 한자(漢字)로 된 단어를 바르게 읽을 수 있는지를 묻는 문제로, 8문항이 출제된다.

問題1　_____のことばの読み方として最もよいものを、1・2・3・4から一つえらびなさい。

1 日本の首都はどこですか。

　　1 しゅとう　　　　2 しゅうと　　　　3 しゅと　　　　4 しゅうとう

問題 2　표기

밑줄 친 단어의 올바른 한자 표기를 고르는 문제로, 6문항이 출제된다.

問題2　_____のことばを漢字で書くとき、最もよいものを1・2・3・4から一つえらびなさい。

9 みんなで話し合って、問題をかいけつした。

　　1 改決　　　　2 改結　　　　3 解決　　　　4 解結

問題 3　문맥규정

(　　　) 안에 들어갈 가장 적당한 의미의 어휘를 고르는 문제이다. 11문항이 출제된다.

問題3　(　　　)に入れるのに最もよいものを、1・2・3・4から一つえらびなさい。

15 この携帯電話はボタンが押しにくいという(　　　)を持つ利用者もいる。
　　1 関心　　　　2 不満　　　　3 目標　　　　4 我慢

밑줄 친 어휘나 표현과 의미가 가장 가까운 것을 고르는 문제이다. 5문항이 출제된다.

問題4 _____に意味が最も近いものを、1・2・3・4から一つえらびなさい。

26 わたしは妻と一緒に通勤しています。

　　1 仕事に行って　　　　2 勉強に行って　　　　3 買い物に行って　　　　4 散歩に行って

제시된 어휘가 문장 속에서 어떻게 사용되는지를 묻는 문제로, 무슨 품사인지, 어떠한 어휘와 함께 사용할 수 있는 지 등의 관점에서 어휘의 사용법에 관한 지식을 측정한다. 5문항이 출제된다.

問題5　つぎのことばの使い方として最もよいものを、一つえらびなさい。

31 ころぶ

　　1 今日は疲れたので、早めにベットにころんだ。

　　2 仕事が入ったので、旅行の計画がころんでしまった。

　　3 台風で庭の木がころんだ。

　　4 階段でころんでけがをした。

교재의 구성과 특징

본문

필수 학습 어휘를 10개의 Chapter에 나누어 담았다. 명사, 동사, 형용사 등 품사별로 분류하여 기본적으로 오십음도순으로 정리하였다.

명사는 음독 명사와 훈독 명사로 분류하여 「음독+음독」 또는 「훈독+훈독」 형태는 각각 음독 명사와 훈독 명사로 실었다. 「음독+훈독」 또는 「훈독+음독」 형태로 된 어휘는 편의상 훈독 명사에 실었다.

동사는 오십음도순으로 정리하였다.

い형용사, な형용사, 부사 및 기타, 가타카나어 역시 오십음도순으로 정리하였다.

연습 문제

매 Chapter마다 35문항으로 구성된 연습문제가 실려 있다. 각 Chapter에서 학습한 어휘를 점검하는 문제로, 실제 시험과 같은 5가지 유형으로 구성하여 충분한 연습이 되도록 하였다.

종합 모의고사

중간 점검을 위해 전체 10 Chapter의 절반인 5 Chapter가 끝날 때마다 모의고사를 배치하였다. 실제 시험과 같은 35문항으로 구성되어 있다. Chapter 5와 Chapter 10 뒤에 각각 2회분씩 총 4회분이 실려 있다.

부록

최종 모의고사 6회분
부록에는 마지막 마무리로 풀어볼 최종 모의고사 6회분이 실려 있다. 14분 정도로 시간을 맞춰 놓고 풀어보자. 한 회당 35문항이다.

정답
부록에는 각 Chapter의 연습문제와 종합 모의고사, 최종 모의고사의 정답이 실려 있다.

CONTENTS

CHAPTER 1

1 명사

음독 명사

あんしん 安心 안심	あんてい 安定 안정	あんない 案内 안내	いか 以下 이하
いがい 以外 이외	いがく 医学 의학	いけん 意見 의견	いご 以後 이후
いこう 以降 이후	いし 意志 의지	いしき 意識 의식	いしゃ 医者 의사
いじょう 以上 이상	いす 椅子 의자	いぜん 以前 이전	いち 位置 위치
いちにち 一日 하루	いっしゅうかん 一週間 일주일	いっしょ 一緒 같음, 함께함	いっぱい 一杯 한 잔
いてん 移転 이전	いない 以内 이내	いみ 意味 의미	いんしょう 印象 인상
うせつ 右折 우회전	うんてん 運転 운전	うんどう 運動 운동	えいが 映画 영화
えいご 英語 영어	えいよう 栄養 영양	えき 駅 역	えんき 延期 연기
えんそう 演奏 연주	えんぴつ 鉛筆 연필	えんりょ 遠慮 사양, 삼감	おうだん 横断 횡단
おうぼ 応募 응모	おうよう 応用 응용	かし お菓子 과자	おくじょう 屋上 옥상

훈독 명사

あいず 合図 신호	あいだ 間 사이, 동안	あいて 相手 상대	あかぼう 赤ん坊 아기
あさ 朝 아침	あじ 味 맛	あせ 汗 땀	あたま 頭 머리
あた 辺り 주위, 주변, 즈음	あと 後 뒤, 후(시간)	あな 穴 구멍	あに 兄 형, 오빠
あね 姉 누나, 언니	あぶら 油 기름	あめ 飴 사탕	いき 息 숨
いけ 池 연못	いま 今ごろ 지금쯤, 이맘때	いもうと 妹 여동생	いりぐち 入り口 입구
いわ 岩 바위	うけつけ 受付 접수	うし 後ろ 뒤, 뒤쪽	うそ 嘘 거짓말

内側 안쪽	腕 팔, 역량, 솜씨	売り場 매장	上着 상의
うわさ 소문	絵 그림	笑顔 웃는 얼굴	枝 가지
お祝い 축하, 축하 선물	奥さん 부인, 아주머니	贈り物 선물	

2 동사

会う 만나다	合う 맞다, 적합하다	上がる 오르다, 올라가다
あきる 질리다	あきれる 기가 막히다, 질리다	空く 비다, 빈틈이 생기다
開く 열리다	開ける 열다	明ける (기간이) 끝나다, 지나가다
憧れる 동경하다	味わう 맛보다	預ける 맡기다, 보관시키다
与える 주다	温める 데우다	当たる 맞다, 해당하다
集まる 모이다	集める 모으다	浴びる 끼얹다, 쐬다
溢れる 넘치다	あまる 남다	編む 엮다, 뜨다
謝る 사과하다	洗う 씻다	改める 고치다
表す 나타내다	歩く 걷다	生きる 살다
いじめる 괴롭히다	急ぐ 서두르다	痛がる 살아파하다
祈る 기도하다	居る 있다, 존재하다	要る 필요하다
入れる 넣다	祝う 축하하다	

3 い형용사

青い 파랗다	赤い 빨갛다	明るい 밝다

浅い 얕다 あさ

暖かい (기온이) 따뜻하다 あたた

温かい (온도가) 따뜻하다 あたた

新しい 새롭다 あたら

暑い 덥다 あつ

熱い 뜨겁다 あつ

厚い 두껍다 あつ

厚かましい 뻔뻔하다 あつ

4 な형용사

明らかだ 분명하다, 명백하다 あき

新ただ 새롭다 あら

安全だ 안전하다 あんぜん

意外だ 의외이다, 뜻밖이다 い がい

偉大だ 위대하다 い だい

一生懸命だ 열심이다 いっしょうけんめい

一般的だ 일반적이다 いっぱんてき

嫌だ 싫다 いや

5 부사 및 기타

相変わらず 여전히, 변함없이 あい か

あっさり 깨끗이, 담백히

あまり/あんまり 별로, 그다지

あらゆる 온갖, 모든

いちばん 가장, 제일, 최고임

いつも 언제나, 늘

いまに 머지않아, 곧

いよいよ 점점, 드디어

いらいら 안절부절

いろいろ 여러 가지, 다양한

6 가타카나어

アイデア 아이디어

アクセサリー 액세서리

アドバイス 어드바이스, 충고

アナウンサー 아나운서

アルコール 알코올, 술

アルバム 앨범

問題1 _____のことばの読み方として最もよいものを、1・2・3・4から一つえらびなさい。

1 　私の兄は大学で日本語と日本文学を教えています。

　　1 あね　　　　　　2 いもうと　　　　　3 おとうと　　　　　4 あに

2 　一週間に3回は酒を飲みに行っています。

　　1 いっしゅうかん　2 いちしゅうかん　　3 いっしゅかん　　　4 いちしゅかん

3 　6時以後のお問い合わせはこちらの番号におかけください。

　　1 いこう　　　　　2 いごう　　　　　　3 いこ　　　　　　　4 いご

4 　青い屋上のきれいな家が並んでいる。

　　1 やじょう　　　　2 おくじょう　　　　3 やうえ　　　　　　4 おくうえ

5 　3時までに駅の前に集まってください。

　　1 あつまって　　　2 はじまって　　　　3 とまって　　　　　4 きまって

6 　卒業のお祝いに電子辞書をもらいました。

　　1 おみまい　　　　2 おれい　　　　　　3 おいわい　　　　　4 おしゅくい

7 　勉強するには静ずかで明るいところがいい。

　　1 めいるい　　　　2 あきるい　　　　　3 あがるい　　　　　4 あかるい

8 　子供の笑顔を見ると元気になりました。

　　1 えがお　　　　　2 わらがお　　　　　3 ほほえみ　　　　　4 しょうがん

問題2 _____ のことばを漢字で書くとき、最もよいものを1・2・3・4から一つえらびなさい。

1 一人ではさびしい。いもうとといっしょに行きたい。

1 姉 2 弟 3 妹 4 好

2 二人のあいだに問題ができたようだ。

1 門 2 問 3 間 4 聞

3 東京に行ったとき、田中さんがあんないしてくれました。

1 安内 2 案内 3 安無 4 案外

4 あたらしい車がほしくてたまらない。

1 親しい 2 新しい 3 親い 4 新い

5 友だちにあって映画をみるつもりです。

1 会って 2 合って 3 洗って 4 有って

6 先生の健康のためにいつもおいのりいたします。

1 礼り 2 祝り 3 祈り 4 社り

問題3 （　　　）に入れるのに最もよいものを、1・2・3・4から一つえらびなさい。

1 新聞はよく読みますが、雑誌は（　　　）読みません。

1 いつも 2 あまり
3 いっしょうけんめい 4 ちょっと

2 （　　　）勉強したのに、試験に落ちてしまいました。

1 たまに 2 いよいよ
3 いっしょうけんめいに 4 じょじょに

3　高い果物でもすっぱい（　　　）がして食べられない場合がある。

　　1 味　　　　　　　　2 音　　　　　　　　3 美　　　　　　　　4 感じ

4　仕事が終わったら（　　　）どうですか。

　　1 一軒　　　　　　　2 一枚　　　　　　　3 一冊　　　　　　　4 一杯

5　何でも食べられるが、1時間（　　　）に食べなければならない。

　　1 以外　　　　　　　2 以下　　　　　　　3 以上　　　　　　　4 以内

6　料理がお口に（　　　）よかったです。

　　1 会って　　　　　　2 合って　　　　　　3 似合って　　　　　4 買って

7　申し込みのことは（　　　）で聞いてみてください。

　　1 受付　　　　　　　2 案内　　　　　　　3 台所　　　　　　　4 レジ

8　彼女はゆっくりにしか話せないから（　　　）は無理{むり}だと思う。

　　1 アクセサリー　　　2 アクセス　　　　　3 アナウンサー　　　4 アクセント

9　紳士服の（　　　）は何階にありますか。

　　1 売店　　　　　　　2 職場　　　　　　　3 売り場　　　　　　4 販売

10　寒いのに窓が（　　　）いますね。どうしたんでしょうか。

　　1 空いて　　　　　　2 開いて　　　　　　3 閉めて　　　　　　4 入って

11　シャワーを（　　　）から行きますから、ちょっと待っていてくれますか。

　　1 洗って　　　　　　2 浴びて　　　　　　3 始めて　　　　　　4 急いで

問題4　　　＿＿＿＿＿に意味が最も近いものを、1・2・3・4から一つえらびなさい。

1　一般的な考え方をもっている人なら反対するしかない。

　　1 地味な　　　　　　2 独特な　　　　　　3 理想の　　　　　　4 普通の

2 リンゴなら青森(あおもり)のリンゴが<u>いちばん</u>です。

　　1 最高(さいこう)　　　　2 最後(さいご)　　　　3 最低(さいてい)　　　　4 最初(さいしょ)

3 日本には<u>いろいろ</u>な温泉があります。

　　1 様々(さまざま)　　　　2 散々(さんざん)　　　　3 個々(ここ)　　　　4 別々(べつべつ)

4 遅くても来週<u>辺(あた)り</u>にはできあがると思います。

　　1 近所(きんじょ)　　　　2 遠(とお)く　　　　3 頃(ごろ)　　　　4 時(とき)

5 息子(むすこ)がとなりの窓を割(わ)って、<u>謝(あやま)り</u>に行ってきました。

　　1 祝(いわ)いに　　　　2 見舞(みま)いに　　　　3 見(けん)に　　　　4 詫(わ)びに

問題5　つぎのことばの使い方として最もよいものを、一つえらびなさい。

1 いじめる

　　1 百点をとって先生に<u>いじめられました</u>。

　　2 となりの窓を割(わ)って、母に<u>いじめられました</u>。

　　3 友だちを<u>いじめては</u>いけませんよ。

　　4 どろぼうにお金を<u>いじめられました</u>。

2 遠慮(えんりょ)

　　1 廊下(ろうか)でのタバコはご<u>遠慮(えんりょ)</u>ください。

　　2 彼は真面目(まじめ)な社員ですから、<u>遠慮(えんりょ)</u>ありません。

　　3 どうぞ、<u>遠慮(えんりょ)</u>しながらお使いください。

　　4 困(こま)っている人を<u>遠慮(えんりょ)</u>しなければなりません。

3 浅(あさ)い

　　1 暑いから<u>浅(あさ)い</u>セーターを着て出かけよう。

　　2 この町には<u>浅(あさ)い</u>建物がたくさんある。

　　3 ここはあぶないから<u>浅(あさ)い</u>ところで泳ぎなさい。

　　4 週末(しゅうまつ)は<u>浅(あさ)い</u>山にでも登(のぼ)りたい。

4 **安全**

1 もっと安全な人になるためにがんばります。

2 安全な問題ですから、だれでもできます。

3 怖くありませんから、安全してください。

4 子どもは安全なところで遊ばせてください。

5 **いつも**

1 お客さんがいつも来ないから、がんばりましょう。

2 この人はいつも背が低いですね。

3 いつも勉強しているからたぶん不合格するだろう。

4 この店は肉をいつも安い価格で売っている。

정답은 P.140

CHAPTER 2

1 명사

음독 명사

お札 (さつ) 지폐	お茶 (ちゃ) 차	お風呂 (ふろ) 욕조, 욕실, 목욕	お礼 (れい) 감사
音楽 (おんがく) 음악	温泉 (おんせん) 온천	会館 (かいかん) 회관	海岸 (かいがん) 해안
会議 (かいぎ) 회의	解決 (かいけつ) 해결	外国 (がいこく) 외국	会社 (かいしゃ) 회사
会場 (かいじょう) 모임 장소, 회장	会話 (かいわ) 회화	価格 (かかく) 가격	科学 (かがく) 과학
確認 (かくにん) 확인	過去 (かこ) 과거	火事 (かじ) 화재	歌手 (かしゅ) 가수
下線 (かせん) 밑줄	家族 (かぞく) 가족	課長 (かちょう) 과장	楽器 (がっき) 악기
学級 (がっきゅう) 학급	活動 (かつどう) 활동	家庭 (かてい) 가정	我慢 (がまん) 참음
感覚 (かんかく) 감각	観客 (かんきゃく) 관객	関係 (かんけい) 관계	観光 (かんこう) 관광
看護士 (かんごし) 간호사	観察 (かんさつ) 관찰	感じ (かん) 느낌	漢字 (かんじ) 한자
関心 (かんしん) 관심	完成 (かんせい) 완성	感動 (かんどう) 감동	完了 (かんりょう) 완료

훈독 명사

お酒 (さけ) 술	お皿 (さら) 접시	おしまい 끝	夫 (おっと) 남편
おつり 거스름돈	音 (おと) 소리	弟 (おとうと) 남동생	男 (おとこ) 남자
おととい 그저께	おととし 재작년	大人 (おとな) 어른	お腹 (なか) 배, 복부
お姉さん (ねえ) 누나, 언니	お見舞い (みま) 병문안	お土産 (みやげ) (여행) 선물, 기념품	おもちゃ 장난감
表 (おもて) 겉	親 (おや) 부모	お湯 (ゆ) 더운물, 끓인 물	終わり (お) 끝
買い物 (か もの) 쇼핑	顔 (かお) 얼굴	香り (かお) 향기	鏡 (かがみ) 거울

鍵 열쇠	傘 우산	数 수	風 바람
風邪 감기	形 모양	彼女 그녀, 여자친구	壁 벽
紙 종이	神 신	髪 머리털, 머리카락	髪の毛 머리카락
空 허공, 빔	体 몸	彼 그 남자	代わり 대신
考え方 사고방식			

2 동사

植える 심다	受け付ける 접수하다	受ける 받다
動かす 움직이게 하다	動く 움직이다	歌う 노래하다
疑う 의심하다	打つ 치다	写す 찍다, 베끼다
映す (반사되어) 비추다, 상영하다	移す (자리를) 옮기다	生む 낳다
生まれる 태어나다	売る 팔다	売れる 팔리다
選ぶ 고르다, 선택하다	得る 얻다	追い付く 따라붙다, 따라잡다
終える 끝내다	追う 쫓다	起きる (자리에서) 일어나다, 발생하다
置く 놓다, 두다	送る 보내다, 바래다 주다, 발송하다	贈る (선물을) 보내다, 선물하다
遅れる 늦다	行う 행하다	怒る 화내다
おごる 한턱내다	教える 가르치다	落ち着く 침착하다, 진정하다
落ちる 떨어지다	落とす 떨어뜨리다, 잃어버리다	驚く 놀라다
覚える 기억하다	おぼれる (물에) 빠지다, 정신이 팔리다	

3 い형용사

危ない 위험하다 (あぶ)	甘い 달콤하다, 만만하다 (あま)	あやしい 수상쩍다
荒い 거칠다 (あら)	あわただしい 분주하다	忙しい 바쁘다 (いそが)
痛い 아프다 (いた)	薄い 얇다, 흐리다, 연하다 (うす)	美しい 아름답다 (うつく)
うまい 맛있다, 잘하다		

4 な형용사

おおざっぱだ 엉성하다	同じだ 같다 (おな)	主だ 주되다 (おも)
確実だ 확실하다 (かくじつ)	勝手だ 제멋대로다 (かって)	かわいそうだ 불쌍하다
完全だ 완전하다 (かんぜん)	簡単だ 간단하다 (かんたん)	

5 부사 및 기타

うっかり 무심코	うんと 훨씬	およそ 대강
がっかり 실망하는 모양	必ず 반드시 (かなら)	必ずしも 반드시 (~인 것은 아니다) (かなら)
かなり 꽤, 상당히	がらがら 텅빈 모양	結局 결국 (けっきょく)

6 가타카나어

イメージ 이미지	**エネルギー** 에너지	**オートバイ** 오토바이
オーバー 오버, 코트	**カタログ** 카탈로그	**カーテン** 커튼

問題1 _____のことばの読み方として最もよいものを、1・2・3・4から一つえらびなさい。

1 今朝は<u>会議</u>におくれて部長におこられました。

　　1 かいぎ　　　　　2 がいき　　　　　3 かいき　　　　　4 がいぎ

2 私の夢は有名な<u>歌手</u>になることです。

　　1 かしゅう　　　　2 がしゅう　　　　3 かしゅ　　　　　4 がしゅ

3 <u>火事</u>で大事な文化財が焼けてしまいました。

　　1 ひし　　　　　　2 かし　　　　　　3 ひじ　　　　　　4 かじ

4 中学生になると自分の体に<u>関心</u>を持つようになる。

　　1 かんけい　　　　2 かんしん　　　　3 かんれん　　　　4 かんじん

5 けんこうのためには体を<u>動かした</u>ほうがいいですよ。

　　1 うごかした　　　2 はたらかした　　3 きかした　　　　4 まねかした

6 このまま<u>我慢</u>していてもいいんですか。

　　1 あまん　　　　　2 がまん　　　　　3 わまん　　　　　4 らまん

7 一人で使えるように使い方をよく<u>覚えて</u>いてください。

　　1 おぼえて　　　　2 おもえて　　　　3 さまえて　　　　4 ざまえて

8 こんな<u>美しい</u>景色は今まで見たことがない。

　　1 うくつしい　　　2 うつかしい　　　3 うつくしい　　　4 くつうしい

問題2 ＿＿＿＿のことばを漢字で書くとき、最もよいものを1・2・3・4から一つえらび
なさい。

1 木が減るにしたがって<u>かみ</u>のねだんも上がる一方だ。

1 紙 　　　　　　2 神 　　　　　　3 髪 　　　　　　4 絡

2 <u>かぜ</u>をひかないように気をつけなさい。

1 風 　　　　　　2 風芽 　　　　　3 風雅 　　　　　4 風邪

3 そんな危険_{きけん}な<u>かんがえかた</u>はすてたほうがいいよ。

1 孝え方 　　　　2 考え方 　　　　3 孝え万 　　　　4 考え万

4 試合の内容も大事だが、<u>かんきゃく</u>のマナーも大事だ。

1 関客 　　　　　2 視客 　　　　　3 観客 　　　　　4 職客

5 <u>あぶない</u>ところは子ども一人で行かせないように。

1 危い 　　　　　2 険ない 　　　　3 危ない 　　　　4 険い

6 朝から頭が<u>いたくて</u>学校へ行けなかった。

1 痛くて 　　　　2 病くて 　　　　3 疲くて 　　　　4 通くて

問題3 （　　　　）に入れるのに最もよいものを、1・2・3・4から一つえらびなさい。

1 友だちが入院しているので、（　　　　）に行きました。

1 お祝い 　　　　2 お見舞い 　　　3 お礼 　　　　　4 お祭

2 はやく食べると（　　　　）をこわすからゆっくり食べなさい。

1 頭 　　　　　　2 腕 　　　　　　3 足 　　　　　　4 お腹

3 子どもが（　　　　）から今まで旅行に行ったことがない。

1 生んで 　　　　2 生きて 　　　　3 生まれて 　　　　4 寝て

4 何でもいいから好きなものを一つ（　　　）なさい。

1 選び　　　　　　　2 起き　　　　　　　3 落ち　　　　　　　4 疑い

5 そのうわさは（　　　）から信じないほうがよさそうだ。

1 正しい　　　　　　2 うるさい　　　　　3 あやしい　　　　　4 あわただしい

6 社会というところはそんなに（　　　）ないですよ。

1 薄く　　　　　　　2 厚く　　　　　　　3 すっぱく　　　　　4 甘く

7 前半は0対3だったが、後半に2点を（　　　）。

1 追い越した　　　　2 追い付いた　　　　3 割り込んだ　　　　4 乗り越えた

8 肉や魚なども食べることは食べますが、（　　　）野菜を食べています。

1 主な　　　　　　　2 主の　　　　　　　3 主に　　　　　　　4 主から

9 大事な試合で負けてとても（　　　）しています。

1 すっかり　　　　　2 うっかり　　　　　3 しっかり　　　　　4 がっかり

10 （　　　）合格するとは言えないが、可能性は高い。

1 いつも　　　　　　2 ぜんぜん　　　　　3 あまり　　　　　　4 かならずしも

11 外はけっこう寒いから（　　　）を着て出かけたほうがいい。

1 オーバー　　　　　2 エネルギー　　　　3 オートバイ　　　　4 イベント

問題4 ＿＿＿＿＿に意味が最も近いものを、1・2・3・4から一つえらびなさい。

1 この写真はアメリカに行ったとき、写したものです。

1 買った　　　　　　2 映した　　　　　　3 移した　　　　　　4 撮った

2 友だちとけんかして先生に怒られました。

1 誉められました　　2 呼ばれました　　　3 言われました　　　4 叱られました

24

3 どこかに財布を<u>落とした</u>が、覚えていません。

1 落ちた　　　　　　2 探した　　　　　　3 売った　　　　　　4 無くした

4 あんまり<u>うまくはない</u>ですが、やって見ます。

1 丈夫では　　　　　2 上手では　　　　　3 奇麗では　　　　　4 素敵では

5 友だちとの約束を<u>うっかり</u>忘れていた。

1 すっかり　　　　　2 はっきり　　　　　3 つい　　　　　　　4 しっかり

問題5　つぎのことばの使い方として最もよいものを、一つえらびなさい。

1 送る

1 部長は今出張に<u>送って</u>います。
2 娘を車で駅まで<u>送って</u>あげた。
3 ゴミが落ちていたら<u>送って</u>ください。
4 部屋には手紙が<u>送って</u>いました。

2 行う

1 私は誰よりも早く会社へ<u>行って</u>います。
2 今から出席を<u>行う</u>から返事をしてください。
3 結婚式は１２時から本館の３階で<u>行われます</u>。
4 彼は大学で法律の勉強を<u>行って</u>います。

3 薄い

1 黒板の字が<u>薄くて</u>よく見えませんでした。
2 この川は<u>薄い</u>から安全に遊べます。
3 紙が<u>薄くて</u>とても切ることができなかった。
4 都会には<u>薄くて</u>大きいビルがたくさんある。

4 かわいそう

1 山田君の家には<u>かわいそうな</u>人形がたくさんある。

2 新しい先生はとても<u>かわいそうな</u>体つきをしていた。

3 <u>かわいそうな</u>映画を見て泣いてしまいました。

4 <u>かわいそうな</u>人を助ける仕事がしたいです。

5 感動

1 先生の愛に<u>感動</u>して、泣いてしまった。

2 映画はやっぱり映画館で<u>感動</u>した方がいい。

3 この本を読んで、いちばん<u>感動</u>のところはどこですか。

4 いつまでも親に<u>感動</u>の気持ちを忘れてはいけません。

 정답은 P.140

CHAPTER 3

1 명사

음독 명사

記憶 기억	機会 기회	機械 기계	季節 계절
規則 규칙	期待 기대	帰宅 귀가	喫茶店 다방, 찻집
記入 기입	気分 기분	疑問 의문	逆 역, 반대
急行 급행	休日 휴일	牛肉 쇠고기	牛乳 우유
教育 교육	教師 교사	教室 교실	競争 경쟁
兄弟 형제	共通 공통	共同 공동	興味 흥미
協力 협력	去年 작년	距離 거리	記録 기록
禁煙 금연	銀行 은행	禁止 금지	近所 근처
区域 구역	空気 공기	空港 공항	区別 구별
苦労 고생	訓練 훈련	経営 경영	計画 계획
警官 경관, 경찰관	経験 경험	経済 경제	警察 경찰
計算 계산	経由 경유	けが 부상, 다침	外科 외과
景色 경치	血液型 혈액형	結果 결과	結婚 결혼
欠点 결점	結論 결론	件 건	県 현(일본의 행정구역)
原因 원인	玄関 현관	研究 연구	健康 건강
検査 검사	現在 현재	研修 연수	減少 감소
見物 구경	原料 원료		

黄色 (きいろ) 노랑	傷 (きず) 상처	切手 (きって) 우표	切符 (きっぷ) 표, 티켓
気持ち (きもち) 마음, 기분, 감정	着物 (きもの) 옷, 기모노(일본 옷)	具合 (ぐあい) 형편, 상태	草 (くさ) 풀
薬 (くすり) 약	くせ 버릇	果物 (くだもの) 과일	靴 (くつ) 구두, 신발
靴下 (くつした) 양말	首 (くび) 목	雲 (くも) 구름	今朝 (けさ) 오늘 아침

2 동사

思い出す (おもいだす) 떠올리다	泳ぐ (およぐ) 헤엄치다	降りる (おりる) (탈것에서) 내리다
折る (おる) 접다, 꺾다	折れる (おれる) 접히다, 꺾이다	終わる (おわる) 끝나다
買う (かう) 사다	返す (かえす) 되돌려주다	替える (かえる) 교환하다, 교체하다
帰る (かえる) 돌아가다, 돌아오다	変える (かえる) 바꾸다, 변경하다	輝く (かがやく) 빛나다, 반짝이다
掛かる (かかる) 걸리다	書く (かく) 쓰다	隠す (かくす) 숨기다
掛ける (かける) 걸다	駆ける (かける) 뛰다, 달리다	囲む (かこむ) 두르다, 둘러싸다
重なる (かさなる) 거듭되다, 반복되다	重ねる (かさねる) 거듭하다, 반복하다	飾る (かざる) 꾸미다, 장식하다
貸す (かす) 빌려주다	数える (かぞえる) (수를) 세다	片付ける (かたづける) 정돈하다, 정리하다
勝つ (かつ) 이기다	被る (かぶる) (모자 등을) 쓰다, 뒤집어쓰다	噛む (かむ) 씹다, 물다
通う (かよう) 다니다	借りる (かりる) 빌리다	枯れる (かれる) (식물이) 마르다, 말라 죽다
かわいがる 귀여워하다	乾く (かわく) 마르다, 건조하다	変わる (かわる) 바뀌다, 달라지다

3 い형용사

うらやましい 부럽다	うるさい 시끄럽다	嬉しい (うれしい) 기쁘다

28

おいしい 맛있다	多い 많다	おかしい 이상하다
おしい 아깝다	遅い 늦다	大人しい 점잖다, 얌전하다
重い 무겁다	面白い 재미있다	固い 딱딱하다, 단단하다
悲しい 슬프다		

4 **な형용사**

危険だ 위험하다	貴重だ 귀중하다	器用だ 솜씨가 좋다
嫌いだ 싫어하다	結構だ 훌륭하다, 괜찮다	元気だ 건강하다, 활기차다

5 **부사 및 기타**

きちんと 깔끔히, 정확히	ぎっしり 빽빽이	きっと 꼭(염원, 확신), 분명, 틀림없이
急に 갑자기	ぐっすり 푹	ぐったり 녹초가 됨
けっして 결코	こっそり 남몰래, 살짝	

6 **가타카나어**

カロリー 칼로리	カレンダー 캘린더, 달력	キャンセル 취소
キロ(グラム) 킬로그램	キロ(メートル) 킬로미터	ケーキ 케이크
クーラー 쿨러, 냉방 장치	クラス 클래스, 학급	グループ 그룹, 모둠

연습문제

問題1 ＿＿＿＿＿のことばの読み方として最もよいものを、1・2・3・4から一つえらびなさい。

① あの子は水は飲まないで牛乳ばかり飲んでいる。

1 ぎゅにゅう　　　2 ぎゅうにゅう　　　3 ゆにゅう　　　4 ゆうにゅう

② この近所にはホテルがたくさんある。

1 きんじょう　　　2 ちかところ　　　3 きんじょ　　　4 ちかどころ

③ 動物は肉をたべるものと草をたべるものに分けられる。

1 くも　　　2 そう　　　3 くき　　　4 くさ

④ ねぼうして、今朝は何もたべずに学校へ行きました。

1 けさ　　　2 こんさ　　　3 けちょう　　　4 こんちょう

⑤ 日本での語学研修が就職に役立ちました。

1 けんしゅ　　　2 けんしゅう　　　3 れんしゅ　　　4 れんしゅう

⑥ 勉強家だった弟は今、医科大学に通っています。

1 とおって　　　2 かよって　　　3 うつって　　　4 まよって

⑦ 道が込んでいるとバスは地下鉄よりずっと遅くなる。

1 おそく　　　2 はやく　　　3 のろく　　　4 あそく

⑧ 頑張ったのに、結果はあまりよくなかった。

1 けつか　　　2 けが　　　3 けっか　　　4 けっこう

問題2 ＿＿＿＿のことばを漢字で書くとき、最もよいものを1・2・3・4から一つえらび
なさい。

1 現在、日本には43の「けん」がある。

1 県　　　　　　2 軒　　　　　　3 区　　　　　　4 都

2 ぎんこうはあの角を右にまがると左がわにあります。

1 金行　　　　　2 銀行　　　　　3 銅行　　　　　4 銭行

3 このごろくびがいたくて病院にかよっている。

1 頭　　　　　　2 耳　　　　　　3 口　　　　　　4 首

4 ちょっと電話をかしていただけないでしょうか。

1 借して　　　　2 買して　　　　3 貸して　　　　4 代して

5 何でも他人にかたなければならない冷たい世界になってしまった。

1 勝たなければ　2 負たなければ　3 脱たなければ　4 脇たなければ

6 かなしいニュースは読まないことにしています。

1 非しい　　　　2 罪しい　　　　3 悲しい　　　　4 嬉しい

問題3 （　　　　）に入れるのに最もよいものを、1・2・3・4から一つえらびなさい。

1 学校の（　　　　）はちゃんとまもってください。

1 法律　　　　　2 規則　　　　　3 態度　　　　　4 案内

2 会議が2時間も続いているのになかなか（　　　　）が出ない。

1 結論　　　　　2 主題　　　　　3 本文　　　　　4 理由

3 ここにお名前とご住所をご（　　　　）ください。

1 記事　　　　　2 記名　　　　　3 記述　　　　　4 記入

4 娘からもらった花を机のうえに（　　　　）おきました。

1 買って　　　　　　2 捨てて　　　　　　3 折って　　　　　　4 飾って

5 かたいからよく（　　　　）食べましょう。

1 噛んで　　　　　　2 考えて　　　　　　3 飲んで　　　　　　4 数えて

6 口の中が（　　　　）きて、水を飲んだ。

1 飾って　　　　　　2 変えて　　　　　　3 被って　　　　　　4 乾いて

7 彼は顔を(　　　　)、最後まで見せなかった。

1 表して　　　　　　2 怒って　　　　　　3 消えて　　　　　　4 隠して

8 試合の前に（　　　　）寝られたので、コンディションがよかった。

1 すっかり　　　　　2 ぐっすり　　　　　3 はっきり　　　　　4 うっかり

9 ふたごといっても性格は（　　　　）同じではない。

1 こっそり　　　　　2 はっきり　　　　　3 しっかり　　　　　4 けっして

10 まだまだ使えるから捨てるのは(　　　　)。

1 おいしい　　　　　2 おかしい　　　　　3 おもしろい　　　　4 おしい

11 電車の中の（　　　　）が強くついていて風邪をひきそうだった。

1 ガス　　　　　　　2 ゲーム　　　　　　3 クーラー　　　　　4 テレビ

問題4　＿＿＿＿＿＿に意味が最も近いものを、1・2・3・4から一つえらびなさい。

1 今日は体の具合が悪くてどこにも行きたくありません。

1 感じ　　　　　　　2 調子　　　　　　　3 元気　　　　　　　4 力

2 自分の部屋は自分で片付けることにしています。

1 掃除する　　　　　2 飾る　　　　　　　3 洗う　　　　　　　4 吹く

3│静かな彼女もお酒さえ飲めばとてもうるさくなる。

1 おもしろく 　　2 うつくしく 　　3 やかましく 　　4 やさしく

4│子どもたちがきゅうに飛び出してびっくりした。

1 ゆっくり 　　2 ぐっすり 　　3 すっかり 　　4 とつぜん

5│田舎の小学校はクラスが少なすぎて問題だ。

1 学級 　　2 学生 　　3 教師 　　4 運動場

問題5　つぎのことばの使い方として最もよいものを、一つえらびなさい。

1│切手

1 映画の切手は買っておきましたか。

2 果物を食べるときは切手が必要です。

3 切手なしでは公園に入ることができません。

4 切手を買いに郵便局へ行きました。

2│被る

1 赤い帽子を被った女の人が歩いてきた。

2 手にゆびわを被っています。

3 雨が降ってきたから、かさを被りましょう。

4 鈴木さんは白い靴を被っています。

3│思い出す

1 雨の日は行かないほうがいいと思い出します。

2 決める前に深く思い出してみなさい。

3 先生、わたしのことを思い出していますか。

4 急に高校の友だちのことを思い出しました。

うらやましい

1 遠足に行ったのに、雨が降ってうらやましかった。

2 久しぶりに友だちと会ってうらやましかった。

3 映画は考えたよりずっとうらやましかった。

4 医者になった友だちがうらやましくてたまらない。

きっと

1 日本に来てきっとここに住んでいます。

2 高橋さんはきっと合格すると思います。

3 田中さんって、きっとどなたですか。

4 きっと立派なこうぎでした。

정답은 P.140

CHAPTER 4

1 명사

음독 명사

こうえん 公園	공원	こうがい 郊外	교외	こうがい 公害	공해	こうぎ 講義	강의
こうぎょう 工業	공업	こうこう 高校	고교	こうこく 広告	광고	こうさてん 交差点	교차점
こうじ 工事	공사	こうじょう 工場	공장	こうちゃ 紅茶	홍차	こうちょう 校長	교장
こうつう 交通	교통	こうどう 行動	행동	こうばん 交番	파출소	こきゅう 呼吸	호흡
こくさい 国際	국제	ごご 午後	오후	こしょう 故障	고장	こじん 個人	개인
ごぜん 午前	오전	ごちそう	맛있는 음식	ごはん 御飯	밥	こんげつ 今月	이번 달
こんざつ 混雑	혼잡	こんしゅう 今週	금주, 이번 주	こんど 今度	이번, 다음	こんばん 今晩	오늘 밤, 오늘 저녁
こんや 今夜	오늘 밤	さい 際	때, 시기, 즈음	さいきん 最近	최근	さいご 最後	최후
さいこう 最高	최고	さいしょ 最初	최초	さいしん 最新	최신	さいふ 財布	지갑
さぎょう 作業	작업	さくぶん 作文	작문	さくねん 昨年	작년	さくや 昨夜	어젯밤
ざっし 雑誌	잡지	さとう 砂糖	설탕	さべつ 差別	차별	さらいねん 再来年	내후년
さんか 参加	참가	さんぎょう 産業	산업	ざんぎょう 残業	잔업	さんこう 参考	참고
さんぽ 散歩	산보, 산책	し 市	시	じ 字	글자	しかい 司会	사회
じかん 時間	시간	しきゅう 至急	지급, 매우 급함	しけん 試験	시험	じけん 事件	사건
しげん 資源	자원	じこ 事故	사고				

훈독 명사

こえ 声	목소리	ことし 今年	올해	ことば 言葉	말	ことり 小鳥	작은 새

この頃<ruby>ごろ</ruby> 요즘	米<ruby>こめ</ruby> 쌀	～頃<ruby>ごろ</ruby> ~무렵, ~즈음	坂<ruby>さか</ruby> 언덕
魚<ruby>さかな</ruby> 물고기, 생선	先<ruby>さき</ruby> 끝, 앞	試合<ruby>しあい</ruby> 시합	塩<ruby>しお</ruby> 소금
仕事<ruby>しごと</ruby> 일			

2 동사

考える<ruby>かんが</ruby> 생각하다	感じる<ruby>かん</ruby> 느끼다	頑張る<ruby>がんば</ruby> 노력하다
消える<ruby>き</ruby> 꺼지다, 사라지다	聞く<ruby>き</ruby> 듣다, 묻다	聞こえる<ruby>き</ruby> 들리다
決まる<ruby>き</ruby> 정해지다	決める<ruby>き</ruby> 정하다	切る<ruby>き</ruby> 자르다, 끊다
着る<ruby>き</ruby> 입다	くたびれる 지치다	配る<ruby>くば</ruby> 나누어주다
組む<ruby>く</ruby> 끼다, 짜다	くもる 흐리다	暮らす<ruby>く</ruby> 살다, 생활하다
比べる<ruby>くら</ruby> 비교하다	暮れる<ruby>く</ruby> (해·계절 등이) 저물다	加える<ruby>くわ</ruby> 더하다
消す<ruby>け</ruby> 끄다, 지우다	答える<ruby>こた</ruby> 응답하다, 대답하다	断る<ruby>ことわ</ruby> 거절하다
困る<ruby>こま</ruby> 난처하다	込む<ruby>こ</ruby> 붐비다	転ぶ<ruby>ころ</ruby> 구르다
壊す<ruby>こわ</ruby> 부수다, 파괴하다	壊れる<ruby>こわ</ruby> 부서지다, 파괴되다, 고장나다	

3 い형용사

辛い<ruby>から</ruby> 맵다	軽い<ruby>かる</ruby> 가볍다	可愛らしい<ruby>かわい</ruby> 귀엽다, 사랑스럽다
汚い<ruby>きたな</ruby> 더럽다, 지저분하다	きつい 힘들다, 꽉 끼다	厳しい<ruby>きび</ruby> 엄격하다, 혹독하다
くだらない 시시하다	くやしい 분하다	暗い<ruby>くら</ruby> 어둡다
苦しい<ruby>くる</ruby> 괴롭다	黒い<ruby>くろ</ruby> 검다	詳しい<ruby>くわ</ruby> 자세하다

4 な형용사

<ruby>幸<rt>さいわ</rt></ruby>いだ 다행이다	<ruby>盛<rt>さか</rt></ruby>んだ 번성하다	<ruby>様々<rt>さまざま</rt></ruby>だ 다양하다, 여러 가지이다
<ruby>爽<rt>さわ</rt></ruby>やかだ 상쾌하다	<ruby>残念<rt>ざんねん</rt></ruby>だ 유감이다	<ruby>幸<rt>しあわ</rt></ruby>せだ 행복하다
<ruby>静<rt>しず</rt></ruby>かだ 조용하다	<ruby>失礼<rt>しつれい</rt></ruby>だ 무례하다	

5 부사 및 기타

さすが 몹시	しっかり 꽉, 야무지게, 제대로	<ruby>徐々<rt>じょじょ</rt></ruby>に 서서히
ずいぶん 몹시, 대단히	<ruby>少<rt>すく</rt></ruby>なくとも 적어도	<ruby>少<rt>すこ</rt></ruby>し 조금, 약간
すっかり 완전히	せっかく 모처럼	<ruby>絶対<rt>ぜったい</rt></ruby> 절대
そっと 살짝, 몰래	そろそろ 슬슬	

6 가타카나어

コンクール 콩쿠르	コンクリート 콘크리트	コンセント 콘센트
コンピューター 컴퓨터	サービス 서비스	サラダ 샐러드
シリーズ 시리즈	シャワー 샤워	

問題1 ＿＿＿＿＿のことばの読み方として最もよいものを、1・2・3・4から一つえらびなさい。

1 最近、きまぐれな天気がつづいている。

　　1 さいしん　　　　2 さいきん　　　　3 さいしょ　　　　4 さいちか

2 外国語が上手になるためには作文の練習が必要だ。

　　1 さくぶん　　　　2 さくもん　　　　3 さぶん　　　　　4 さもん

3 小さいときから正しい行動を教えなければならない。

　　1 こうどう　　　　2 きょうどう　　　　3 ごうどう　　　　4 ぎょうどう

4 中村さんのお父さんは小学校の校長先生だという。

　　1 きょうちょう　　2 きょうちょ　　　3 こうちょう　　　4 こうちょ

5 私は寝る前に雑誌を読むしゅうかんがある。

　　1 ぞうし　　　　　2 ざっし　　　　　3 ざつし　　　　　4 そうし

6 足がすべって転んだ。

　　1 はこんだ　　　　2 ころんだ　　　　3 なやんだ　　　　4 あそんだ

7 買ったばかりのノートパソコンが壊れてしまった。

　　1 こわれて　　　　2 やぶれて　　　　3 はかれて　　　　4 あわれて

8 使う前に説明書を軽く読んでみてください。

　　1 あかるく　　　　2 くらく　　　　　3 かるく　　　　　4 おもく

問題2 ＿＿＿＿＿のことばを漢字で書くとき、最もよいものを1・2・3・4から一つえらび
なさい。

[1] こうじしているところは危ないから行かないように。

1 工業　　　　　　2 公事　　　　　　3 共事　　　　　　4 工事

[2] 東京はこうつうがべんりなところでした。

1 工通　　　　　　2 共通　　　　　　3 交通　　　　　　4 公通

[3] よく分からないときは辞書をさんこうにしてください。

1 参孝　　　　　　2 賛成　　　　　　3 参考　　　　　　4 参加

[4] 今はこくさい結婚はまれなことではない。

1 国際　　　　　　2 国祭　　　　　　3 国弟　　　　　　4 国歳

[5] 韓国人はからいものが好きだといわれている。

1 幸い　　　　　　2 辛い　　　　　　3 苦い　　　　　　4 甘い

[6] でかける前にかならず電気をけしてください。

1 点して　　　　　2 焼して　　　　　3 貸して　　　　　4 消して

問題3 （　　　）に入れるのに最もよいものを、1・2・3・4から一つえらびなさい。

[1] お金を拾ったら近くの（　　　）にとどけましょう。

1 公園　　　　　　2 工場　　　　　　3 交番　　　　　　4 広場

[2] （　　　）のような怖い夢は二度とみたくない。

1 午後　　　　　　2 来週　　　　　　3 昨夜　　　　　　4 再来年

[3] 友だちの結婚式で（　　　）をつとめることになった。

1 司会　　　　　　2 順番　　　　　　3 指示　　　　　　4 仕事

4 いろんなサイトで値段(ねだん)をよく（　　　　）後で決めましょう。

1 考えた　　　　　　2 知った　　　　　　3 比べた　　　　　　4 理解した

5 （　　　　）いる電車が嫌いならもっと早く起きて家を出ればいいのだ。

1 込んで　　　　　　2 空いて　　　　　　3 閉まって　　　　　　4 開いて

6 ライバルに負けて（　　　　）が、これからもっと成長(せいちょう)していくと思います。

1 くらい　　　　　　2 くだらない　　　　　3 くやしい　　　　　　4 きたない

7 愛する家族に怒ってしまい、（　　　　）気持ちだ。

1 楽しい　　　　　　2 黒い　　　　　　3 苦しい　　　　　　4 愛らしい

8 日本で一番(いちばん)（　　　　）なスポーツは何ですか。

1 確か　　　　　　2 上手　　　　　　3 派手　　　　　　4 盛ん

9 彼は（　　　　）で忙しくて家族と話す時間がないという。

1 散歩　　　　　　2 言葉　　　　　　3 仕事　　　　　　4 健康

10 青い空(そら)、涼しい風(かぜ)、もう（　　　　）秋になりましたね。

1 じゅうぶん　　　　2 すっかり　　　　　3 しっかり　　　　　4 ぐっすり

11 ショパンピアノ（　　　　）で韓国人が優勝(ゆうしょう)した。

1 コンクール　　　　2 コンクリート　　　3 コンセント　　　　4 サービス

問題4 ＿＿＿＿＿に意味が最も近いものを、1・2・3・4から一つえらびなさい。

1 この頃(ぶっか)、物価が高くなってスーパーに行くのが怖い(こわ)。

1 最新　　　　　　2 最近　　　　　　3 最初　　　　　　4 最後

2 ３５度なんて、ずいぶん暑い日ですね。

1 ちょっと　　　　　2 あまり　　　　　3 かなり　　　　　　4 じゅうぶん

3　食堂にはすごいごちそうが並んでいた。

1　料理　　　　　　　　2　テーブル　　　　　　3　食器　　　　　　　4　お客さん

4　彼女は犯人の顔をしっかり覚えていた。

1　すっかり　　　　　　2　ぐっすり　　　　　　3　ゆっくり　　　　　4　はっきり

5　あの先生の講義は長いだけで、内容はくだらない。

1　怖い　　　　　　　　2　眠い　　　　　　　　3　寂しい　　　　　　4　つまらない

問題5　つぎのことばの使い方として最もよいものを、一つえらびなさい。

1　幸い
1　幸いな人生は誰もが夢みるものだ。
2　皆さまに楽しんでいただけたら幸いです。
3　彼はアメリカで大きく成功し、幸いに生きているそうだ。
4　人が人を幸いにしてくれるのではない。

2　厳しい
1　中田さんは厳しい字を書きます。
2　中田さんは厳しい服を着ています。
3　中田さんは厳しい犬を飼っています。
4　中田さんは厳しい表情をしています。

3　せっかく
1　せっかくここまで来てくださってありがとうございます。
2　ほしくてたまらなかったら、せっかく買ってしまいなさい。
3　せっかく遊びに来たんだから、仕事のことは忘れましょう。
4　彼女はせっかくコーヒーをこぼしたにちがいない。

4 暮れる

1 姉がかわいい人形を<u>暮れました</u>。

2 アメリカに移民して楽に<u>暮れて</u>います。

3 いつの間にか秋も<u>暮れて</u>いきますね。

4 <u>暮れて</u>いる日は景色がよく見えます。

5 そろそろ

1 晴れていた空から<u>そろそろ</u>雨が降り出した。

2 試合に出るために、<u>そろそろ</u>運動しています。

3 日も暮れたし、もう<u>そろそろ</u>帰りましょう。

4 健康には<u>そろそろ</u>食べるほうがいいです。

정답은 P.140

CHAPTER 5

1 명사

음독 명사

指示 しじ 지시	辞書 じしょ 사전	事情 じじょう 사정	自信 じしん 자신
自身 じしん 자신, 자기	地震 じしん 지진	姿勢 しせい 자세	自然 しぜん 자연
時代 じだい 시대	失業 しつぎょう 실업	失敗 しっぱい 실패	質問 しつもん 질문
実力 じつりょく 실력	辞典 じてん 사전	自転車 じてんしゃ 자전거	自動車 じどうしゃ 자동차
市民 しみん 시민	社会 しゃかい 사회	写真 しゃしん 사진	写真家 しゃしんか 사진가
社長 しゃちょう 사장	邪魔 じゃま 방해	習慣 しゅうかん 습관	住所 じゅうしょ 주소
渋滞 じゅうたい 정체	集中 しゅうちゅう 집중	修理 しゅうり 수리	授業 じゅぎょう 수업
宿題 しゅくだい 숙제	宿泊 しゅくはく 숙박	手術 しゅじゅつ 수술	出席 しゅっせき 출석
出張 しゅっちょう 출장	出発 しゅっぱつ 출발	首都 しゅと 수도	寿命 じゅみょう 수명
紹介 しょうかい 소개	正月 しょうがつ 정월, 설날	小学校 しょうがっこう 초등학교	商業 しょうぎょう 상업
小説 しょうせつ 소설	招待 しょうたい 초대	承知 しょうち 앎, 승낙	消費 しょうひ 소비
商品 しょうひん 상품	将来 しょうらい 장래	省略 しょうりゃく 생략	食堂 しょくどう 식당
植物 しょくぶつ 식물	食料品 しょくりょうひん 식료품	処理 しょり 처리	資料 しりょう 자료
進学 しんがく 진학	人口 じんこう 인구	申請 しんせい 신청	身長 しんちょう 신장, 키
心配 しんぱい 걱정	新聞 しんぶん 신문	新聞社 しんぶんしゃ 신문사	人類 じんるい 인류

훈독 명사

支度 したく 채비, 준비	品物 しなもの 물품	字引 じびき 사전	島 しま 섬

染<ruby>し</ruby>み 얼룩	締<ruby>し</ruby>め切<ruby>き</ruby>り 마감	職場<ruby>しょくば</ruby> 직장

2 동사

探<ruby>さが</ruby>す 찾다	咲<ruby>さ</ruby>く (꽃이) 피다	叫<ruby>さけ</ruby>ぶ 외치다
刺<ruby>さ</ruby>す 찌르다	差<ruby>さ</ruby>す (우산을) 쓰다	騒<ruby>さわ</ruby>ぐ 떠들다
触<ruby>さわ</ruby>る 만지다	叱<ruby>しか</ruby>る 혼내다	沈<ruby>しず</ruby>む 가라앉다
死<ruby>し</ruby>ぬ 죽다	しびれる 저리다	絞<ruby>しぼ</ruby>る 짜다, 조이다
閉<ruby>し</ruby>まる 닫히다	閉<ruby>し</ruby>める 닫다	占<ruby>し</ruby>める 차지하다
しゃべる 말하다, 이야기하다	調<ruby>しら</ruby>べる 조사하다	知<ruby>し</ruby>る 알다
信<ruby>しん</ruby>じる 믿다	吸<ruby>す</ruby>う 들이마시다	過<ruby>す</ruby>ぎる 지나가다, 지나치다
すぐれる 뛰어나다	進<ruby>すす</ruby>む 나아가다	捨<ruby>す</ruby>てる 버리다
滑<ruby>すべ</ruby>る 미끄러지다	住<ruby>す</ruby>む 살다	済<ruby>す</ruby>む 끝나다, 완료되다, 해결되다
座<ruby>すわ</ruby>る 앉다	接<ruby>せっ</ruby>する 접하다	育<ruby>そだ</ruby>つ 자라다
育<ruby>そだ</ruby>てる 양육하다, 키우다		

3 い형용사

険<ruby>けわ</ruby>しい 험하다	濃<ruby>こ</ruby>い 진하다	恋<ruby>こい</ruby>しい 그립다
細<ruby>こま</ruby>かい 잘다, 상세하다	怖<ruby>こわ</ruby>い 무섭다	寂<ruby>さび</ruby>しい 외롭다, 쓸쓸하다
寒<ruby>さむ</ruby>い 춥다	親<ruby>した</ruby>しい 친하다	白<ruby>しろ</ruby>い 희다
少<ruby>すく</ruby>ない 적다	すごい 엄청나다	涼<ruby>すず</ruby>しい 시원하다

4 な형용사

<ruby>自由<rt>じ ゆう</rt></ruby>だ 자유롭다	<ruby>十分<rt>じゅうぶん</rt></ruby>だ 충분하다	<ruby>重要<rt>じゅうよう</rt></ruby>だ 중요하다
<ruby>主要<rt>しゅよう</rt></ruby>だ 주요하다	<ruby>上手<rt>じょう ず</rt></ruby>だ 잘하다, 능숙하다	<ruby>丈夫<rt>じょう ぶ</rt></ruby>だ 튼튼하다
<ruby>真剣<rt>しんけん</rt></ruby>だ 진지하다	<ruby>親切<rt>しんせつ</rt></ruby>だ 친절하다	

5 부사 및 기타

<ruby>大体<rt>だいたい</rt></ruby> 대개, 대체로	たいてい 대강, 대부분, 대체로	だいぶ 꽤, 상당히
たいへん 매우, 대단히	たくさん 많이	<ruby>多少<rt>た しょう</rt></ruby> 다소, 약간
たっぷり 듬뿍, 충분히	たびたび 자주	たぶん 아마
たまたま 마침, 간혹	だんだん 점점	

6 가타카나어

スイッチ 스위치	スーツ 슈트, 양복	スーツケース 슈트 케이스
スーパー 슈퍼마켓	スカート 스커트, 치마	スクリーン 스크린
スケジュール 스케줄, 일정, 계획	ステーキ 스테이크	ステレオ 스테레오
ストーブ 스토브		

問題1 _____ のことばの読み方として最もよいものを、1・2・3・4から一つえらびな さい。

1. 正月には家族といっしょにおせち料理を食べる。
   1 せいがつ　　　　　2 しょうげつ　　　　3 せいげつ　　　　4 しょうがつ

2. 町の中から木のような植物がだんだん減ってきている。
   1 しょうぶつ　　　　2 しょくぶつ　　　　3 しょうもつ　　　　4 しょくもつ

3. 新しい商品がたくさん並んでいる店がある。
   1 しょうひん　　　　2 しょひ　　　　　　3 しなもの　　　　4 しなぶつ

4. この辺はくうきはいいが、食料品を売る店がとおすぎる。
   1 しょくりょひん　　　　　　　　2 しょうりょうひん
   3 しょくりょうひん　　　　　　　4 しょくりょうびん

5. 辞書をひいて知らない単語をしらべておきましょう。
   1 じじょ　　　　　　2 じしょう　　　　　3 じしょ　　　　4 じじょう

6. 「ごめんください」と大声で叫んだ。
   1 さけんだ　　　　　2 よんだ　　　　　　3 たのんだ　　　　4 むすんだ

7. 先生は手術を受けたので、今は学校にいません。
   1 しゅうじゅつ　　　　2 しゅずつ　　　　3 しゅじゅつ　　　　4 しゅうずつ

8. この問題は簡単ですから1分で十分です。
   1 じゅっぷん　　　　2 じっぷん　　　　　3 じゅうふん　　　　4 じゅうぶん

問題2 _____のことばを漢字で書くとき、最もよいものを1・2・3・4から一つえらびなさい。

1 若者たちの<u>しつぎょう</u>問題がニュースによく出てくる。

1 事件　　　　　2 商業　　　　　3 失業　　　　　4 紛失

2 ここに<u>じゅうしょ</u>とお名前をお書きください。

1 往所　　　　　2 主所　　　　　3 住所　　　　　4 注所

3 <u>じんるい</u>の未来はまだまだ明るいと思います。
　　　　　みらい

1 人類　　　　　2 人数　　　　　3 人顔　　　　　4 人頭

4 佐藤さんは大学を卒業してから、3年間も仕事を<u>さがして</u>いる。
　さとう　　　　　　そつぎょう

1 深して　　　　2 拾して　　　　3 探して　　　　4 招して

5 世界人口の約2割を中国人が<u>しめて</u>いる。
　　　　　　　わり

1 点めて　　　　2 占めて　　　　3 閉めて　　　　4 分めて

6 だれにも話せない<u>じじょう</u>がありました。

1 仕晴　　　　　2 仕情　　　　　3 事晴　　　　　4 事情

問題3 （　　　　）に入れるのに最もよいものを、1・2・3・4から一つえらびなさい。

1 私のふるさとは（　　　　）に囲まれた、静かなところです。
　　　　　　　　　　　　　　かこ

1 自由　　　　　2 自然　　　　　3 自分　　　　　4 自習

2 いまから（　　　　）をとりますから、座ってください。

1 出席　　　　　2 出発　　　　　3 出場　　　　　4 欠席

3 地球のためには木や水などのむだな（　　　　）を減らすべきだ。
　ちきゅう

1 費用　　　　　2 消費　　　　　3 会費　　　　　4 支払
　ひよう　　　　　しょうひ　　　　かいひ　　　　しはらい

4 21日の夜7時、4名様ですね。はい、(　　　)いたしました。

1 約束　　　　　2 満席　　　　　3 招待　　　　　4 承知

5 デパートの中では子どもが商品に(　　　)ようにしてください。

1 壊さない　　　2 割らない　　　3 触らない　　　4 捨てない

6 1時間も正座をしていたので足が(　　　)。

1 伸ばした　　　2 しびれた　　　3 伸びた　　　　4 折れた

7 雪が降っている日は(　　　)やすいから気をつけましょう。

1 止まり　　　　2 走り　　　　　3 滑り　　　　　4 歩き

8 そんな(　　　)ことは気にしなくてもいいじゃないですか。

1 細い　　　　　2 細かい　　　　3 深刻な　　　　4 重大な

9 来週は5月だから(　　　)暖かくなるだろう。

1 たぶん　　　　2 けっして　　　3 たびたび　　　4 わざと

10 やきそばにはマヨネーズを(　　　)かけたほうがおいしい。

1 だんだん　　　2 たっぷり　　　3 ときどき　　　4 のろのろ

11 今日は映画を見るから(　　　)を下しておいてください。

1 ステレオ　　　2 グラフ　　　　3 スイッチ　　　4 スクリーン

問題4 ＿＿＿＿に意味が最も近いものを、1・2・3・4から一つえらびなさい。

1 そろそろ旅行の支度をしようか。

1 用意　　　　　2 用事　　　　　3 用件　　　　　4 計画

2 最近、紙の字引は重くて人気がないようだ。

1 本　　　　　　2 教科書　　　　3 辞書　　　　　4 漫画

3 予約がちゃんとでき ているかどうか調べてみます。

1 検査して　　　　　2 変更して　　　　　3 認定して　　　　　4 確認して

4 今まで育ててくれた祖母のために立派な人になりたい。

1 手伝って　　　　　2 助けて　　　　　　3 愛して　　　　　　4 養って

5 日本語の勉強がだんだん面白くなってきた。

1 これから　　　　　2 いつも　　　　　　3 とつぜん　　　　　4 じょじょに

問題5　つぎのことばの使い方として最もよいものを、一つえらびなさい。

1 邪魔

1 邪魔するんですが、静かにしてくれませんか。

2 父が学校の宿題を邪魔してくれました。

3 他人の勉強を邪魔してはいけません。

4 邪魔するからちょっと座ってください。

2 閉める

1 電車の中では音楽を閉めてください。

2 テストを始めますから、本を閉めてください。

3 すみませんが、窓を閉めてくれませんか。

4 みんな、目を閉めてみましょう。

3 親しい

1 このテレビはとても親しいものだ。

2 ひさしぶりに家族と親しい時間をすごしました。

3 彼は考えたより親しい性格でした。

4 エリさんと親しくなりたいです。

4　丈夫

1　祖父は今も<u>丈夫な</u>足を持っています。

2　このパソコンは落としても<u>丈夫だ</u>。

3　彼は<u>丈夫な</u>人だから、理解してくれるでしょう。

4　時間は<u>丈夫だ</u>から、ゆっくり食べよう。

5　たいてい

1　健康を考えて<u>たいてい</u>勉強しなさい。

2　忙しくて<ruby>恋人<rt>こいびと</rt></ruby>と<u>たいてい</u>会えません。

3　日曜日は<u>たいてい</u>教会に行っています。

4　英語が<u>たいてい</u>うまいですね。

정답은 P.140

問題1 _____のことばの読み方として最もよいものを、1・2・3・4から一つえらびなさい。

① 子供なら誰でも飴が好きなものだ。

1 めし　　　　　2 まめ　　　　　3 あめ　　　　　4 こめ

② 室内では上着を脱ぐことになっています。

1 うわぎ　　　　2 うえぎ　　　　3 うわき　　　　4 うえき

③ 恋人と一緒に世界旅行をしたいものだ。

1 いっしょ　　　2 いっしょう　　3 いちしょ　　　4 いちしょう

④ 大人だって泣きたい時があるのよ。

1 たいじん　　　2 こども　　　　3 おとな　　　　4 ろうじん

⑤ 世の中に家庭より大切なものはないだろう。

1 かぞく　　　　2 かてい　　　　3 かもん　　　　4 かせい

⑥ 私の姉は大学病院で看護士として働いている。

1 かんごし　　　2 かんごうし　　3 かんごふ　　　4 かんごうふ

⑦ 新しくできた喫茶店は雰囲気がとてもよかった。

1 きつえんさき　2 きんえんさき　3 きっさてん　　4 きつさてん

⑧ このマンションは玄関が狭くてとても不便だ。

1 けんかん　　　2 げんかん　　　3 けんがん　　　4 げんがん

問題2 _____のことばを漢字で書くとき、最もよいものを、1・2・3・4から一つえらびな
　　　さい。

⑨ 試験の時はえんぴつしか使えないので注意してください。

1 鉛筆　　　　　2 沿筆　　　　　3 鏡筆　　　　　4 鉛書

10 兄夫婦は今アメリカに<u>い</u>ます。

1 存ます   2 在ます   3 居ます   4 距ます

11 部長の<u>おく</u>さんは優しい上にとても美しい<ruby>方<rt>かた</rt></ruby>だった。

1 隅   2 奥   3 端   4 屋

12 すみませんが、お<u>さら</u>三枚いただけないでしょうか。

1 皿   2 血   3 瓶   4 缶

13 前は勉強に<u>かんしん</u>がなかったが、今は熱心にしている。

1 簡心   2 関心   3 間心   4 観心

14 めっきり大きくなっためいに会って<u>おどろいた</u>。

1 驚いた   2 敬いた   3 慰いた   4 働いた

問題3 （　　　）に入れるのに最もよいものを、1・2・3・4から一つえらびなさい。

15 今から先生の（　　　）によって行動してください。

1 指示   2 受付   3 募集   4 応募

16 幼い時は歌手に（　　　）が、今は教師になっている。

1 あこがれた   2 あやまった   3 いのった   4 あずけた

17 現実性がないから（　　　）あきらめたほうがよさそうだ。

1 うっかり   2 のんびり   3 しっかり   4 あっさり

18 <ruby>七五三<rt>しち ご さん</rt></ruby>とは子供の健康と幸福をお（　　　）する行事だ。

1 みまい   2 いのり   3 かえし   4 じゃま

19 金メダルの（　　　）はいつまでも忘れられないだろう。

1 <ruby>感性<rt>かんせい</rt></ruby>   2 <ruby>感謝<rt>かんしゃ</rt></ruby>   3 <ruby>感動<rt>かんどう</rt></ruby>   4 <ruby>感嘆<rt>かんたん</rt></ruby>

20 だれが犯人なのかは（　　　）わかるだろう。

1 いまに   2 うんと   3 かならずしも   4 つい

21 箱の中は本やファイルなどで（　　　　）詰まっている。

1 きちんと　　　　　2 しっかり　　　　　3 はっきり　　　　　4 ぎっしり

22 音楽会の（　　　　）が二枚できたんですが、一緒に行きませんか。

1 切手_{きって}　　　　　2 切符_{きっぷ}　　　　　3 封筒_{ふうとう}　　　　　4 葉書_{はがき}

23 その本、読み終わったら私にも（　　　　）くださいね。

1 借りて　　　　　2 買って　　　　　3 貸して　　　　　4 変えて

24 毎日15時間の仕事で（　　　　）となりました。

1 ぐったり　　　　　2 ぐっすり　　　　　3 ゆっくり　　　　　4 のんびり

25 （　　　　）日本に来たんだから、温泉に行ってみよう。

1 すくなくとも　　　　2 ちっとも　　　　3 とっくに　　　　4 せっかく

問題4　_____に意味が最も近いものを、1・2・3・4から一つえらびなさい。

26 同僚_{どうりょう}の無責任_{むせきにん}な行動を代わりに<u>謝った</u>。

1 わびた　　　　　2 まちがった　　　　3 ほめた　　　　　4 しかった

27 悩_{なや}みは<u>いよいよ</u>深くなり、髪の毛が抜_ぬけ始_{はじ}めた。

1 そろそろ　　　　2 つぎつぎ　　　　3 ますます　　　　4 いきなり

28 こんな<u>簡単な</u>問題はだれでもできるはずだ。

1 優しい　　　　　2 易しい　　　　　3 難しい　　　　　4 忙しい

29 今日は朝から夜まで本当に<u>忙しい</u>一日でした。

1 あらい　　　　　2 あわただしい　　　3 うらやましい　　　4 くやしい

30 試験が<u>おわった</u>ので家族とキャンピングに行くつもりです。

1 済んだ　　　　　2 始まった　　　　　3 掛かった　　　　　4 勝った

問題5 つぎのことばの使い方として最もよいものを、一つえらびなさい。

31 意志

　1 会議にたくさんの<u>意志</u>が出てきた。

　2 専門家の<u>意志</u>だから信じてもいい。

　3 友だち同士は何より<u>意志</u>が重要だ。

　4 <u>意志</u>が強い人だから心配しなくてもいい。

32 厚い

　1 最近<u>厚い</u>天気が続いている。

　2 なべが<u>厚い</u>から気をつけてね。

　3 <u>厚い</u>本は読みたくない。

　4 この川は<u>厚い</u>から水泳は無理だ。

33 落ち着く

　1 ２階から<u>落ち着いた</u>のに全然怪我をしていない。

　2 来週が決勝だから<u>落ち着いて</u>眠れないのも当然だ。

　3 彼女の目から一滴の涙が<u>落ち着いた</u>。

　4 旅客船が太平洋の真ん中で<u>落ち着く</u>事故が起きた。

34 <ruby>噛<rt>か</rt></ruby>む

　1 私はラーメンは<ruby>噛<rt>か</rt></ruby>まないで食べるのが普通です。

　2 ひもは１０センチの長さに<ruby>噛<rt>か</rt></ruby>んでください。

　3 兄は紙を<ruby>噛<rt>か</rt></ruby>んで船の形を作ってくれた。

　4 夫はナイフでリンゴの皮を<ruby>噛<rt>か</rt></ruby>んでいる。

35 おつり

　1 夏には日本のあっちこっちで<u>おつり</u>が行われる。

　2 お札がないんですが、<u>おつり</u>で払ってもいいですか。

　3 千円出したから<u>おつり</u>は２５０円でしょう。

　4 山田さんは日本一の<u>おつり</u>持ちです。

 정답은 P.141

問題1 _____のことばの読み方として最もよいものを、1・2・3・4から一つえらびなさい。

1 いくら年を取っても研究をつづけたいものだ。
　　1 けんきゅ　　　　2 けんきゅう　　　　3 けんしゅ　　　　4 けんしゅう

2 ここから五分ぐらいまっすぐ行くと交差点があります。
　　1 こうさてん　　　2 こさてん　　　　　3 きょうさてん　　4 きょさてん

3 山田さん、今晩一杯どうですか。
　　1 こんや　　　　　2 こんど　　　　　　3 こんかい　　　　4 こんばん

4 この教材は説明が詳しくて教えるまでもない。
　　1 あやしくて　　　2 あたらしくて　　　3 くわしくて　　　4 くやしくて

5 先生たちはみんな親切だが、宿題が多すぎる。
　　1 しょくだい　　　2 しゅくだい　　　　3 しゅうだい　　　4 しゅくたい

6 日本のカレーは濃い味がして私の口によく合った。
　　1 こい　　　　　　2 からい　　　　　　3 うすい　　　　　4 あわい

7 最近、安定的な職場を求める人が増えている。
　　1 しょくじょう　　2 しょくば　　　　　3 しゅうしょく　　4 しょくぎょう

8 父はいい本を紹介し、読書を勧めたものです。
　　1 しょかい　　　　2 しょうかい　　　　3 しょがい　　　　4 しょうがい

問題2 _____のことばを漢字で書くとき、最もよいものを、1・2・3・4から一つえらびな
さい。

9 インチョン国際くうこうは世界的な名声を持っている。
　　1 航空　　　　　　2 空港　　　　　　　3 控港　　　　　　4 空航

10 一日中こぜにを<u>かぞえて</u>指が黒くなってしまった。

1 類えて　　　　　2 種えて　　　　　3 数えて　　　　　4 額えて

11 この魚は必ずしおをかけて調理してください。

1 砂　　　　　　　2 味　　　　　　　3 場　　　　　　　4 塩

12 タバコを<u>すって</u>いるこの男はだれだ。

1 吸って　　　　　2 吐って　　　　　3 含って　　　　　4 吹って

13 人間関係は金で<u>すむ</u>問題ではない。

1 済む　　　　　　2 澄む　　　　　　3 住む　　　　　　4 斉む

14 今まで<u>しんぱい</u>させていたなんて、親不孝だ。

1 心酒　　　　　　2 心酪　　　　　　3 心酎　　　　　　4 心配

問題3 （　　　）に入れるのに最もよいものを、1・2・3・4から一つえらびなさい。

15 人を（　　　　）してはいけない。

1 作業　　　　　　2 差別　　　　　　3 試合　　　　　　4 参加

16 商品のお問い合わせはホームページを（　　　　）にしてください。

1 参加　　　　　　2 賛成　　　　　　3 参考　　　　　　4 思考

17 大学を卒業したらすぐ大学院に（　　　　）するつもりだ。

1 進学　　　　　　2 学問　　　　　　3 研究　　　　　　4 講義

18 私はいつもお客に（　　　　）心得で学生たちを教えている。

1 騒ぐ　　　　　　2 育てる　　　　　3 接する　　　　　4 手伝う

19 私が知っていた内容とは（　　　　）違っていた。

1 しっかり　　　　2 じゅうぶん　　　3 ちゃんと　　　　4 だいぶ

20 ユースホステルなら（　　　　）費用もそんなにかからないだろう。

1 宿題　　　　　　2 家賃　　　　　　3 宿泊　　　　　　4 借金

21 秋になって（　　　　）風がふきはじめた。

1 さわがしい　　　　2 さわやかな　　　　3 さいわいな　　　　4 くやしい

22 畳（たたみ）の部屋には（　　　　）などの暖房器具（だんぼうきぐ）が必要だ。

1 スイッチ　　　　2 クーラー　　　　3 ストーブ　　　　4 ステレオ

23 何かいい（　　　　）があったら自由に話してみましょう。

1 アクセサリー　　　　2 アイデア　　　　3 エネルギー　　　　4 ユーモア

24 部長になって仕事が前より（　　　　）楽になった。

1 うんと　　　　2 ぜんぜん　　　　3 あんまり　　　　4 けっして

25 もう10年も過ぎたので彼も（　　　　）変わった。

1 せっかく　　　　2 すくなくとも　　　　3 ずいぶん　　　　4 たぶん

問題4 ＿＿＿＿＿＿に意味が最も近いものを、1・2・3・4から一つえらびなさい。

26 火事が発生した原因は何ですか。

1 結果　　　　2 内容　　　　3 形式　　　　4 理由

27 床の掃除ってどこだってきついですね。

1 面白い　　　　2 大変だ　　　　3 きれいだ　　　　4 容易だ

28 講演のことに気を使いすぎてくたびれた。

1 たおれた　　　　2 あきらめた　　　　3 つかれた　　　　4 あきれた

29 アフリカには身長の高い部族が多いらしい。

1 背　　　　2 腹　　　　3 腕　　　　4 頭

30 勝手なことを言わないように気をつけなさい。

1 じゃまな　　　　2 わがままな　　　　3 ていねいな　　　　4 たいくつな

31 溢（あふ）れる

1 道に溢（あふ）れたときは交番にいってください。

2 買ったばかりのカメラが溢（あふ）れてしまった。

3 窓が溢（あふ）れてとても危ない。

4 テレビを見ている間に、ふろの水が溢（あふ）れていたのだ。

32 くやしい

1 田中さんは経済や政治などにとてもくやしい。

2 また決勝でまけちゃった。くやしくてたまらない。

3 古くなった海産物からくやしい臭いがする。

4 世の中には親も兄弟もないくやしい子供たちも多い。

33 たっぷり

1 パンにジャムをたっぷりつけて食べました。

2 日本の物価はたっぷり高いですね。

3 花が咲き、もうたっぷり春になったようです。

4 週末もなしに働いてばかりいて、たっぷり疲れちゃった。

34 すぐれる

1 彼はすぐれた体力で疲れずに走った。

2 梅雨で川の水がすぐれてしまいました。

3 みなさんの将来はすぐれるにちがいません。

4 人間の命というのはすぐれた物です。

35 故障（こしょう）

1 この道路はいつも車が故障（こしょう）している。

2 明日の午後から天気が故障（こしょう）するそうだ。

3 工場が多くなるにつれて自然は故障（こしょう）していく。

4 洗濯機（せんたくき）が故障（こしょう）してとても不便だった。

정답은 P.141

1 명사

음독 명사

じゅんばん 順番 순번, 순서	じゅんび 準備 준비	じょうきょう 状況 상황	じょうけん 条件 조건
しょうじき 正直 정직	じょうしき 常識 상식	じょうしゃ 乗車 승차	じょうほう 情報 정보
すいどう 水道 수도	すうがく 数学 수학	すうねん 数年 수 년	ずつう 頭痛 두통
せいかく 性格 성격	せいかい 正解 정답	せいかつ 生活 생활	ぜいきん 税金 세금
せいげん 制限 제한	せいこう 成功 성공	せいさく 製作 제작	せいさん 生産 생산
せいじ 政治 정치	せいじょう 正常 정상	せいせき 成績 성적	せいちょう 成長 성장
せいと 生徒 학생	せいひん 製品 제품	せいよう 西洋 서양	せかい 世界 세계
せき 席 자리	せっけん 비누	せつめい 説明 설명	せつやく 節約 절약
せわ 世話 돌봄, 신세짐	せんげつ 先月 지난달	せんしゅ 選手 선수	せんしゅう 先週 지난주
せんそう 戦争 전쟁	せんたく 洗濯 세탁	せんたく 選択 선택	ぜんぱん 全般 전반
そうご 相互 상호	そうさく 創作 창작	そうじ 掃除 청소	そうぞう 想像 상상
そうたい 早退 조퇴	そうだん 相談 상담	そつぎょう 卒業 졸업	そふ 祖父 할아버지
そぼ 祖母 할머니	そんけい 尊敬 존경	たいいん 退院 퇴원	だいがく 大学 대학
たいざい 滞在 체재	たいしかん 大使館 대사관	だいひょう 代表 대표	たいふう 台風 태풍
たにん 他人 타인	たんご 単語 단어	だんたい 団体 단체	たんとうしゃ 担当者 담당자
だんぼう 暖房 난방			

すみ 隅 구석	せ 背 키	せ なか 背中 등	せ びろ 背広 신사복
そこ 底 바닥	だいどころ 台所 주방, 부엌	たけ 丈 길이	たたみ 畳 다다미
たち ば 立場 입장	たて 縦 세로	たてもの 建物 건물	たまご 卵 달걀
だれ 誰 누구			

2 동사

たお 倒す 넘어뜨리다	たお 倒れる 넘어지다	た 炊く 밥을 짓다
たし 確かめる 확인하다	た 足す 더하다	たす 助ける 돕다, 구하다
たず 尋ねる 묻다	たず 訪ねる 방문하다	たたか 戦う 싸우다
た 建てる 세우다	たの 頼む 부탁하다	たの 楽しむ 즐기다
だます 속이다	ためらう 망설이다	たよ 頼る 의지하다
た 足りる 충분하다	ちが 違う 다르다	つかまえる 붙잡다
つか 疲れる 지치다	つ 着く 도착하다	つく 作る 만들다
つ 付ける 달다, 켜다	つた 伝える 전하다	つつ 包む 싸다, 감싸다
つづ 続く 계속되다	つづ 続ける 계속하다	つと 勤める 근무하다
つと 務める 임무·역할을 맡다	つと 努める 힘쓰다, 노력하다	つ 積む 쌓다

3 い형용사

すっぱい 시다	すばらしい 훌륭하다	するど 鋭い 날카롭다, 예리하다
せま 狭い 좁다	そそっかしい 덜렁대다	たか 高い 높다, 비싸다

ただ 正しい 바르다, 옳다	たの 楽しい 즐겁다	たの 頼もしい 믿음직하다, 든든하다
だらしない 칠칠치 못하다, 단정하지 않다		

4 な형용사

しんせん 新鮮だ 신선하다	しんぱい 心配だ 걱정스럽다	す 好きだ 좋아하다
すなお 素直だ 순수하다, 솔직하다	そっくりだ 꼭 닮았다	たいくつ 退屈だ 지루하다
だいじ 大事だ 중요하다	だいじょうぶ 大丈夫だ 괜찮다	たいせつ 大切だ 소중하다
たいへん 大変だ 큰일이다, 힘들다		

5 부사 및 기타

ちっとも 조금도	ちょうど 꼭, 정확히	つい 그만, 무심결에
つぎつぎ 잇따라, 계속해서	できるだけ 가능한 한	どうせ 어차피
とうとう 드디어, 마침내	ときどき 가끔, 때때로	どきどき 두근두근, 울렁울렁
とくに 특히		

6 가타카나어

スリッパ 슬리퍼	セーター 스웨터	セット 세트
ソフト 부드러움, 소프트웨어	チェック 체크, 확인	チケット 티켓, 표
チャレンジ 챌린지, 도전	テープ 테이프	テーマ 테마, 주제

問題1 ＿＿＿＿のことばの読み方として最もよいものを、1・2・3・4から一つえらびなさい。

① 頭痛などを起こしやすい食べ物に注意しましょう。

　1 とうつう　　　　2 ずつう　　　　　3 つずう　　　　　4 つうずう

② 大使館へ行きたいんですが、どうやって行ったらいいですか。

　1 だいしかん　　　2 たいしかん　　　3 だいじかん　　　4 たいじかん

③ 暑い日は背中がかゆくなることがあります。

　1 せいちゅう　　　2 せいなか　　　　3 せちゅう　　　　4 せなか

④ 明日は南のほうから台風が北上するそうだ。

　1 たいふう　　　　2 だいふう　　　　3 たいふん　　　　4 だいふん

⑤ 田中先生は学生たちにとても尊敬されています。

　1 そんちょう　　　2 そんきょう　　　3 そんけい　　　　4 そんちゅう

⑥ アメリカに着いたらすぐ連絡してください。

　1 きいたら　　　　2 ついたら　　　　3 おいたら　　　　4 かいたら

⑦ 人に難しいことを頼まれたときは慎重に考えなさい。

　1 よまれた　　　　2 のまれた　　　　3 たよまれた　　　　4 たのまれた

⑧ この店はいつも新鮮な魚を売っているし、客も多い。

　1 しんせん　　　　2 しんぜん　　　　3 じんせん　　　　4 じんぜん

問題2 _____のことばを漢字で書くとき、最もよいものを1・2・3・4から一つえらびなさい。

1 ヨーロッパでの<u>せいかつ</u>はとても楽しかった。

1 生活　　　　　　2 正活　　　　　　3 生治　　　　　　4 正治

2 相手の<u>たちば</u>を考えながら話し合いましょう。

1 立湯　　　　　　2 立易　　　　　　3 立場　　　　　　4 立傷

3 家族のいない未来なんて<u>そうぞう</u>したくもないんだよ。

1 相象　　　　　　2 相像　　　　　　3 想象　　　　　　4 想像

4 どうぞ最後まで<u>たのしんで</u>ください。

1 薬しんで　　　　2 楽しんで　　　　3 頼しんで　　　　4 悲しんで

5 紙と水は<u>たいせつ</u>に使わなければなりません。

1 大切　　　　　　2 大事　　　　　　3 大成　　　　　　4 大初

6 日本は道も家も<u>せまい</u>ところが多くて不便なこともある。

1 猫い　　　　　　2 狭い　　　　　　3 犯い　　　　　　4 細い

問題3 （　　　）に入れるのに最もよいものを、1・2・3・4から一つえらびなさい。

1 専攻を決める前に、できるだけ多くの人に（　　　）してみたい。

1 相談　　　　　　2 用意　　　　　　3 選択　　　　　　4 会議

2 病気だった妹が（　　　）して家に帰りました。

1 退学　　　　　　2 入院　　　　　　3 退院　　　　　　4 退社

3 昼は山の中でご飯を（　　　）食べることにします。

1 上げて　　　　　2 沸かして　　　　3 炊いて　　　　　4 付けて

4 　木で作られた家が台風で（　　　　）そうにゆれている。

　　1 倒れ　　　　　　　2 立ち　　　　　　　3 消え　　　　　　　4 折れ

5 　有名なデパートが商品の値段を（　　　　）売っていたのだ。

　　1 無くして　　　　　2 だまして　　　　　3 落ちて　　　　　　4 信じて

6 　プレゼントは見えないように紙で（　　　　）いた。

　　1 飾られて　　　　　2 付けられて　　　　3 片付けられて　　　4 包まれて

7 　次の例から最も（　　　　）と思われるものを一つ選んでください。

　　1 正しい　　　　　　2 甘い　　　　　　　3 楽しい　　　　　　4 すばらしい

8 　うちの会社には（　　　　）社員が多いから、発展するだろう。

　　1 悲しい　　　　　　2 頼もしい　　　　　3 甘い　　　　　　　4 鋭い

9 　背はもちろん、顔も声も（　　　　）変わらなかった。

　　1 すっかり　　　　　2 ちょうど　　　　　3 ちっとも　　　　　4 とうとう

10 　この時計は水にぬれても（　　　　）なのでとても便利だ。

　　1 大丈夫　　　　　　2 素直　　　　　　　3 心配　　　　　　　4 大事

11 　試験の前に用紙が全部あるかどうか（　　　　）してください。

　　1 ソフト　　　　　　2 セット　　　　　　3 チェック　　　　　4 サービス

問題4 　　　　　　に意味が最も近いものを、1・2・3・4から一つえらびなさい。

1 　スーツを買うなら3万円ほどあれば足りる。

　　1 できる　　　　　　2 不足だ　　　　　　3 作れる　　　　　　4 十分だ

2 　場所を知らなかったので、通りがかりの人にたずねました。

　　1 教えてもらいました　　　　　　　　　2 習いました
　　3 聞きました　　　　　　　　　　　　　4 訪問しました

3 彼女に言おうか言うまいかと<u>ためらっている</u>。

1 考えている　　　2 <ruby>迷<rt>まよ</rt></ruby>っている　　　3 決めている　　　4 <ruby>案<rt>あん</rt></ruby>じている

4 姉にもらった<ruby>靴<rt>くつ</rt></ruby>が足に<u>ちょうど</u>合ってよかった。

1 はっきり　　　2 しっかり　　　3 すっかり　　　4 ぴったり

5 普段から<u>そそっかしい</u>人は、仕事でもミスが多い。

1 不注意な　　　2 真面目な　　　3 大事な　　　4 生意気な

問題5　つぎのことばの使い方として最もよいものを、一つえらびなさい。

1 <ruby>世話<rt>せ　わ</rt></ruby>

1 先生、長い間お<ruby>世話<rt>せ　わ</rt></ruby>しました。
2 それではお先に<ruby>世話<rt>せ　わ</rt></ruby>します。
3 <ruby>世話<rt>せ　わ</rt></ruby>になるために学校を休んでいます。
4 お<ruby>世話<rt>せ　わ</rt></ruby>になりました。ありがとうございます。

2 <ruby>洗濯<rt>せんたく</rt></ruby>

1 毎朝かみを<ruby>洗濯<rt>せんたく</rt></ruby>して学校へ行きます。
2 寝る前に足を<ruby>洗濯<rt>せんたく</rt></ruby>しましょう。
3 自分の靴下は自分で<ruby>洗濯<rt>せんたく</rt></ruby>しましょう。
4 1年ぶりに部屋の<ruby>洗濯<rt>せんたく</rt></ruby>をしました。

3 <ruby>鋭<rt>するど</rt></ruby>い

1 友だちが事故で死んで、とても<ruby>鋭<rt>するど</rt></ruby>かった。
2 <ruby>鋭<rt>するど</rt></ruby>い足でだれよりも早く走っています。
3 今度の試験は<ruby>鋭<rt>するど</rt></ruby>い問題がたくさん出た。
4 選手たちは<ruby>鋭<rt>するど</rt></ruby>い目で相手を見ていた。

4 つかまえる

1 どろぼうにゆびわをつかまえられた。

2 つかまえたティッシュは箱[はこ]に入れてください。

3 中古車[ちゅうこしゃ]を買ってよくつかまえています。

4 タクシーをつかまえようと思って手をあげた。

5 ときどき

1 私は果物がときどき好きです。

2 日本の夏はときどき暑いです。

3 姉はときどき一人で映画を見に行きます。

4 私はときどき友だちに会いません。

정답은 P.141

CHAPTER 7

1 명사

음독 명사

ちえ 知恵 지혜	ちかてつ 地下鉄 지하철	ちきゅう 地球 지구	ちしき 知識 지식
ちず 地図 지도	ちり 地理 지리	ちゃわん 밥공기	ちゅうい 注意 주의
ちゅうがっこう 中学校 중학교	ちゅうこ 中古 중고	ちゅうし 中止 중지	ちゅうしゃ 注射 주사
ちゅうしゃ 駐車 주차	ちょうか 超過 초과	ちょうさ 調査 조사	ちょうし 調子 상태
ちょきん 貯金 저금	ちょくせつ 直接 직접	つうきん 通勤 통근	つうち 通知 통지
つうやく 通訳 통역	つごう 都合 형편, 사정	てんいん 店員 점원	てんき 天気 날씨
でんしゃ 電車 전차	でんとう 電灯 전등	てんらんかい 展覧会 전람회	でんわ 電話 전화
どうぐ 道具 도구	どうさ 動作 동작	とうじょう 登場 등장	とうちゃく 到着 도착
どうぶつ 動物 동물	どうろ 道路 도로	とくしょく 特色 특색	どくしん 独身 독신
とくちょう 特徴 특징	とくちょう 特長 특장, 특별한 장점	どくりつ 独立 독립	とけい 時計 시계
とざん 登山 등산	としょかん 図書館 도서관	とち 土地 토지	とちゅう 途中 도중
とっきゅう 特急 특급	どりょく 努力 노력	ないしょ 内緒 비밀	ないよう 内容 내용
なっとく 納得 납득			

훈독 명사

ちちおや 父親 부친, 아버지	ちゃいろ 茶色 갈색	ついたち 一日 1일	つぎ 次 다음
つくえ 机 책상	つち 土 흙	つま 妻 부인, 아내	てがみ 手紙 편지
でぐち 出口 출구	てら 寺 절	と 戸 문	とおか 十日 10일

<ruby>通<rt>とお</rt></ruby>り 길, 통행	とこ<ruby>屋<rt>や</rt></ruby> 이발소	<ruby>届<rt>とど</rt></ruby>け<ruby>先<rt>さき</rt></ruby> 보낼 곳, 송달처	<ruby>隣<rt>となり</rt></ruby> 옆, 이웃
<ruby>友達<rt>ともだち</rt></ruby> 친구	<ruby>鳥<rt>とり</rt></ruby> 새	とりにく 닭고기	どろぼう 도둑

2 동사

<ruby>出<rt>で</rt></ruby>かける 외출하다	できる 할 수 있다	<ruby>手伝<rt>てつだ</rt></ruby>う 돕다
<ruby>出<rt>で</rt></ruby>る 나가다, 나오다	<ruby>問<rt>と</rt></ruby>う 묻다	<ruby>通<rt>とお</rt></ruby>る 통과하다
<ruby>閉<rt>と</rt></ruby>じる 닫다, (책을) 덮다, (눈을) 감다	<ruby>届<rt>とど</rt></ruby>く 도착하다, 닿다	<ruby>届<rt>とど</rt></ruby>ける 보내다
<ruby>整<rt>ととの</rt></ruby>える 가다듬다	<ruby>怒鳴<rt>どな</rt></ruby>る 호통치다, 야단치다	<ruby>飛<rt>と</rt></ruby>ぶ 날다
<ruby>止<rt>と</rt></ruby>まる 서다, 멎다, 멈추다	<ruby>止<rt>と</rt></ruby>める 세우다, 멈추다	<ruby>取<rt>と</rt></ruby>り<ruby>替<rt>か</rt></ruby>える 교환하다, 바꾸다
<ruby>撮<rt>と</rt></ruby>る 사진을 찍다	<ruby>取<rt>と</rt></ruby>る 잡다, 취하다	<ruby>直<rt>なお</rt></ruby>す 고치다
<ruby>直<rt>なお</rt></ruby>る 고쳐지다, 낫다	<ruby>流<rt>なが</rt></ruby>す 흘리다	<ruby>流<rt>なが</rt></ruby>れる 흐르다
<ruby>泣<rt>な</rt></ruby>く 울다	<ruby>慰<rt>なぐさ</rt></ruby>める 위로하다, 달래다	<ruby>無<rt>な</rt></ruby>くす 잃어버리다
<ruby>投<rt>な</rt></ruby>げる 던지다	<ruby>悩<rt>なや</rt></ruby>む 고민하다	<ruby>習<rt>なら</rt></ruby>う 배우다
<ruby>並<rt>なら</rt></ruby>ぶ 줄서다, 나란히 서다	<ruby>並<rt>なら</rt></ruby>べる 늘어놓다	<ruby>慣<rt>な</rt></ruby>れる 익숙해지다

3 い형용사

<ruby>小<rt>ちい</rt></ruby>さい 작다	<ruby>近<rt>ちか</rt></ruby>い 가깝다	つまらない 하찮다, 재미없다
<ruby>強<rt>つよ</rt></ruby>い 강하다, 세다	<ruby>遠<rt>とお</rt></ruby>い 멀다	とんでもない 터무니없다, 당치도 않다
<ruby>長<rt>なが</rt></ruby>い 길다	<ruby>苦<rt>にが</rt></ruby>い 쓰다	<ruby>鈍<rt>にぶ</rt></ruby>い 둔하다
ぬるい 미지근하다	<ruby>眠<rt>ねむ</rt></ruby>い 졸리다	

駄<small>だ</small>目<small>め</small>だ 쓸모 없다, 안 된다	短<small>たん</small>気<small>き</small>だ 성질이 급하다, 쉽게 화를 내다	単<small>たん</small>純<small>じゅん</small>だ 단순하다
丁<small>てい</small>寧<small>ねい</small>だ 정중하다, 신중하다	適<small>てき</small>切<small>せつ</small>だ 적절하다	適<small>てき</small>当<small>とう</small>だ 적당하다
当<small>とう</small>然<small>ぜん</small>だ 당연하다	得<small>とく</small>意<small>い</small>だ 자신 있다	特<small>とく</small>別<small>べつ</small>だ 특별하다

5 부사 및 기타

突<small>とつ</small>然<small>ぜん</small> 돌연, 갑자기	どっと 우르르, 왈칵	どんどん 척척, 잇따라
なかなか 꽤, 좀처럼	なるべく 되도록, 가능한	なるほど 과연, 역시

6 가타카나어

ドライブ 드라이브	ナイフ 나이프, 칼	ネクタイ 넥타이
パーティー 파티	バター 버터	パン 빵
ハンカチ 손수건	ハンバーグ 햄버그스테이크	パンフレット 팸플릿, 소책자

問題1 ＿＿＿＿のことばの読み方として最もよいものを、1・2・3・4から一つえらびなさい。

1 子どもと父親は親^{した}しいほどいいと言われている。

   1 ははおや　　　　2 ふしん　　　　　3 ちちおや　　　　4 ぼしん

2 自動販売機^{じ どうはんばい き}によって店に店員がいらなくなってくる。

   1 てんにん　　　　2 てんじん　　　　3 でんいん　　　　4 てんいん

3 しっかり勉強するには図書館に行きなさい。

   1 としょかん　　　2 としょうかん　　3 とうしょかん　　4 とうしょうかん

4 仕事^{し ごと}をするときは動作をはやくした方がいい。

   1 どうさ　　　　　2 どうさく　　　　3 とうざ　　　　　4 とうざく

5 社長の都合で午前のかいぎが午後に変更^{へんこう}されました。

   1 とごう　　　　　2 とあい　　　　　3 つごう　　　　　4 つあい

6 彼は一生独身で生きていきたいと言っていた。

   1 とくしん　　　　2 どくじん　　　　3 とくじん　　　　4 どくしん

7 ひっこして学校が遠くなってしまいました。

   1 ちかく　　　　　2 とおく　　　　　3 ひろく　　　　　4 どおく

8 はれていた空から突然雨が降りはじめた。

   1 とつせん　　　　2 どつぜん　　　　3 どつせん　　　　4 とつぜん

問題2 _____のことばを漢字で書くとき、最もよいものを1・2・3・4から一つえらび
なさい。

1 私はちずがないとよく道にまよってしまう。

1 地土　　　　　　2 地画　　　　　　3 地度　　　　　　4 地図

2 とっきゅう列車はとまる駅が少ないから気をつけなさい。

1 待急　　　　　　2 持急　　　　　　3 特急　　　　　　4 侍急

3 ないようが分からなかったら私のところへ来てください。

1 内溶　　　　　　2 内容　　　　　　3 丙溶　　　　　　4 丙容

4 いいともだちはまるでプレゼントのような存在です。

1 友達　　　　　　2 友進　　　　　　3 友遅　　　　　　4 友連

5 女の子が道に座りこんでないているのをみました。

1 無いて　　　　　2 注いて　　　　　3 治いて　　　　　4 泣いて

6 日本には「良薬は口ににがし」ということわざがあります。

1 甘　　　　　　　2 辛　　　　　　　3 苦　　　　　　　4 古

問題3 （　　　）に入れるのに最もよいものを、1・2・3・4から一つえらびなさい。

1 昨日は弟といっしょに（　　　　）に行って髪を切りました。

1 病院　　　　　　2 とこ屋　　　　　3 本屋　　　　　　4 図書館

2 これは（　　　）だから、だれにも言わないでよ。

1 知識　　　　　　2 努力　　　　　　3 内緒　　　　　　4 通訳

3 この会社のピアノは何か（　　　）のある音がする。

1 特色　　　　　　2 特別　　　　　　3 特急　　　　　　4 特異

4 今からテストを始めます。本を（　　　）ください。

1 閉めて　　　　　　2 閉じて　　　　　　3 閉まって　　　　　4 開いて

5 真ん中に（　　　）のにストライクにならなかった。

1 出かけた　　　　　2 整えた　　　　　　3 投げた　　　　　　4 けた

6 姉は毎朝、どんな服を着ようかと1時間以上（　　　）。

1 悩む　　　　　　　2 喜ぶ　　　　　　　3 悲しむ　　　　　　4 努力する

7 故障したノートパソコンを友だちに（　　　）もらった。

1 治って　　　　　　2 直して　　　　　　3 壊して　　　　　　4 割って

8 久しぶりに映画を見たが（　　　）お金が惜しかった。

1 面白くて　　　　　2 面倒くさくて　　　3 悲しくて　　　　　4 つまらなくて

9 字を書くときはいつも（　　　）書きましょう。

1 丁寧に　　　　　　2 適当に　　　　　　3 鈍く　　　　　　　4 つまらなく

10 大学から入学許可の（　　　）が届きました。

1 通勤　　　　　　　2 通知　　　　　　　3 通訳　　　　　　　4 通信

11 私の趣味は一人で海辺を（　　　）することです。

1 キャンピング　　　2 ピクニック　　　　3 ドライブ　　　　　4 サーフィン

問題4 　　＿＿＿＿に意味が最も近いものを、1・2・3・4から一つえらびなさい。

1 書類はなるべく3時までには送ってください。

1 かならず　　　　　2 できるだけ　　　　3 なるほど　　　　　4 きっと

2 なるほど彼の演奏はすばらしいですね。

1 なるべく　　　　　2 あまり　　　　　　3 さすが　　　　　　4 はっきり

3 商品が<u>到着したら</u>、また連絡します。

1 足りたら   2 届いたら   3 並んだら   4 整えたら

4 山田さんは家事をよく<u>手伝<ruby>手伝<rt>てつだ</rt></ruby>って</u>、妻<ruby><rt>つま</rt></ruby>から愛<ruby><rt>あい</rt></ruby>されている。

1 助<ruby><rt>たす</rt></ruby>けて   2 喜<ruby><rt>よろこ</rt></ruby>んで   3 苦<ruby><rt>くる</rt></ruby>しんで   4 邪魔<ruby><rt>じゃま</rt></ruby>して

5 彼女は行動は<u>鈍い</u>けど、ミスはしない。

1 遅くない   2 真面目ではない   3 面白くない   4 鋭くない

問題5 つぎのことばの使い方として最もよいものを、一つえらびなさい。

1 <ruby>並<rt>なら</rt></ruby>べる

1 店の前に人が<ruby>並<rt>なら</rt></ruby>べています。

2 テーブルの上にはしを<ruby>並<rt>なら</rt></ruby>べてください。

3 昨日から雨が<ruby>並<rt>なら</rt></ruby>べて降っています。

4 日本語を<ruby>並<rt>なら</rt></ruby>べるためにバイトをしています。

2 <ruby>駄目<rt>だめ</rt></ruby>

1 今日はデパートでお金を<ruby>駄目<rt>だめ</rt></ruby>に使ってしまった。

2 母の<ruby>駄目<rt>だめ</rt></ruby>が早くなおるように祈ってください。

3 家を買おうとしたが、１００万円が<ruby>駄目<rt>だめ</rt></ruby>だった。

4 ここでタバコを吸っては<ruby>駄目<rt>だめ</rt></ruby>ですから、外に出てください。

3 <ruby>適当<rt>てきとう</rt></ruby>

1 女性に<ruby>適当<rt>てきとう</rt></ruby>する運動を紹介してください。

2 夏はとても<ruby>適当<rt>てきとう</rt></ruby>でよく疲かれます。

3 きれいな地球のために<ruby>適当<rt>てきとう</rt></ruby>な森林を守りましょう。

4 子供に<ruby>適当<rt>てきとう</rt></ruby>な本を選んでいるところです。

4　どんどん

1　週末はどんどん家で休んでいます。

2　ドラマを見てどんどん笑ってしまいました。

3　最近作られている車はどんどん速いです。

4　そのスカートはどんどん売れています。

5　特長

1　私は特長でギターをひいています。

2　この店はおいしいけど、高い値段が特長だ。

3　私の特長はロック音楽を聞くことです。

4　この料理は深い味が特長だ。

정답은 P.142

CHAPTER 8

1 명사

음독 명사

肉 고기	日記 일기	入院 입원	入学式 입학식
入場 입장	人気 인기	人形 인형	熱 열
農業 농업	配達 배달	売店 매점	発音 발음
発見 발견	発達 발달	発表 발표	番号 번호
反対 반대	販売 판매	比較 비교	飛行機 비행기
美術館 미술관	秒 초	病院 병원	病気 병
表現 표현	表面 표면		

훈독 명사

夏休み 여름방학	七つ 일곱, 일곱 개	七日 7일	波 파도
涙 눈물	匂い 냄새	西 서쪽	荷物 짐
庭 마당	根 뿌리	猫 고양이	値段 가격
寝坊 늦잠	喉 목	飲み物 음료, 마실 것	乗り物 탈것
葉 잎	歯 이, 치아	場合 경우	灰皿 재떨이
葉書き 엽서	箱 상자	橋 다리, 교량	端 끝부분
箸 젓가락	場所 장소	二十歳 스무 살	鼻 코
話し 이야기	幅 폭	母親 모친, 어머니	林 숲
腹 배, 복부	番組 프로그램	火 불	東 동, 동쪽

^{ひかり} 光 빛	^ひ^だ 引き出し 서랍	ひげ 수염	^{ひだり} 左 왼쪽
^{ひとつき} 一月 한 달	^{ひま} 暇 틈, 짬, 한가함	^{ひる} 昼 낮, 점심, 점심밥	^{ひろ ば} 広場 광장

2 동사

^に 逃げる 도망치다	にらむ 노려보다	^に 似る 닮다
^に 煮る 삶다, 끓이다	^ぬ 脱ぐ 벗다	^{ぬす} 盗む 훔치다
^ぬ 塗る 바르다, 칠하다	^{ねが} 願う 바라다	^{ねむ} 眠る 자다, 잠들다
^ね 寝る 자다	^{のこ} 残す 남기다	^{のこ} 残る 남다
^の 伸ばす 늘이다	^の 伸びる 늘다, (국수 등이) 붇다	^の 述べる 진술하다
^の 乗せる 태우다	^の^か 乗り換える 환승하다	^の^こ 乗り越す 하차역을 지나치다
^の 乗る 타다	はかる 재다, 측정하다	^は 生える (풀, 머리, 이 등이) 나다, 자라다
^{はこ} 運ぶ 운반하다	^{はし} 走る 달리다	^{はじ} 始まる 시작되다
^{はじ} 始める 시작하다	^{はたら} 働く 일하다	^{はら} 払う 지불하다
^は 張る 펴다, 치다	^は 貼る 붙이다	はれる 맑다, 개다

3 い형용사

^{はげ} 激しい 격심하다, 거세다	^は 恥ずかしい 부끄럽다	^{はや} 早い 이르다
^{はや} 速い 빠르다	^{ひく} 低い 낮다	ひどい 심하다
^{ひろ} 広い 넓다	^{ふか} 深い 깊다	^{ふと} 太い 굵다
^{ふる} 古い 낡다		

生意気だ 건방지다   苦手だ 못하다, 서투르다   賑やかだ 번잡하다, 번화하다

熱心だ 열심이다   派手だ 화려하다   必要だ 필요하다

暇だ 한가하다

はっきり 분명히, 확실히   はきはき 또렷또렷, 또박또박   比較的 비교적

ぴったり 딱, 착   ふと 문득   べつに 별로, 그다지

フィルム 필름   プール 풀장, 수영장   フォーク 포크

プレゼンテーション 설명, 발표   ページ 페이지, 쪽   ベッド 침대

ペット 애완동물   ベル 벨, 종   ポスト 우체통, 우편함

問題1 _____のことばの読み方として最もよいものを、1・2・3・4から一つえらびなさい。

① 時間と場所は決まっているので変えることができません。

1 ばしょ　　　　　2 ばしょう　　　　　3 じょうしょ　　　　　4 じょうしょう

② きのうは小学生になった妹の入学式があった。

1 にゅうかくしき　　2 にゅうがくしき　　3 にゅかくしき　　4 にゅがくしき

③ 広場にたくさんの人が集まっていた。

1 こうば　　　　　2 ひろじょう　　　　3 こうじょう　　　　4 ひろば

④ テレビ番組の中で何がいちばん好きですか。

1 ばんそ　　　　　2 ばんくみ　　　　　3 ばんぞ　　　　　4 ばんぐみ

⑤ 彼女の目は、まるで人形のようです。

1 にんけい　　　　2 じんけい　　　　　3 にんぎょう　　　　4 じんぎょう

⑥ 高橋さんは旅行会社で働いています。

1 はたらいて　　　2 うごいて　　　　　3 つづいて　　　　　4 はだらいて

⑦ 今日は木の根について勉強します。

1 は　　　　　　　2 えだ　　　　　　　3 みき　　　　　　4 ね

⑧ ガス代は月末までにかならず払ってください。

1 あらって　　　　2 はらって　　　　　3 ならって　　　　　4 うって

問題2 _____のことばを漢字で書くとき、最もよいものを1・2・3・4から一つえらびなさい。

1 はやしの中にいるとすずしくて気持ちもよくなる。

1 枝　　　　　　2 森　　　　　　3 木　　　　　　4 林

2 お客さんのにもつはここに積んでおきなさい。

1 何物　　　　　2 可物　　　　　3 荷物　　　　　4 貨物

3 アメリカは車道のはばが広くて運転しやすかった。

1 福　　　　　　2 副　　　　　　3 幅　　　　　　4 輻

4 車は止まることなくはしって行きました。

1 歩って　　　　2 走って　　　　3 徒って　　　　4 起って

5 おにぎりは三十びょうぐらい温めること。

1 秒　　　　　　2 病　　　　　　3 俵　　　　　　4 希

6 新入社員は社長の話をねっしんに聞いていた。

1 熱必に　　　　2 勢心に　　　　3 熱心に　　　　4 勢必に

問題3 （　　　）に入れるのに最もよいものを、1・2・3・4から一つえらびなさい。

1 友だちのお父さんが（　　　）しておみまいに行きました。

1 入学　　　　　2 入社　　　　　3 退院　　　　　4 入院

2 田舎にはタクシーやバスなどの（　　　）が足りなくて不便だ。

1 信号　　　　　2 交通　　　　　3 乗り物　　　　4 交差点

3 午前は新聞（　　　）をしていて、午後は学校に通っている。

1 配達　　　　　2 発達　　　　　3 伝達　　　　　4 速達

4 大学生になったら髪の毛を（　　　　）たい。

1 消し　　　　　　2 拾い　　　　　　3 伸ばし　　　　　　4 育て

5 これは割れやすい物だから気をつけて（　　　　）ください。

1 運んで　　　　　2 動いて　　　　　3 働いて　　　　　4 待って

6 ラーメンは（　　　　）から早く食べたほうがいい。

1 切れる　　　　　2 伸びる　　　　　3 無くす　　　　　4 抜ける

7 今朝、電車の中で本に夢中になって（　　　　　　）しまった。

1 乗り越えて　　　2 乗り越して　　　3 乗り切って　　　4 乗り換えて

8 （　　　　）ボールペンは書きにくいから細いのを買いましょう。

1 短い　　　　　　2 狭い　　　　　　3 大きい　　　　　4 太い

9 先生から「頭がいいと思って（　　　　）ことをするんじゃない」と言われた。

1 生意気な　　　　2 正しい　　　　　3 熱心な　　　　　4 真面目な

10 インターネットで買ったシャツが体に（　　　　）合ってよかった。

1 はっきり　　　　2 しっかり　　　　3 すっかり　　　　4 ぴったり

11 試験が終わっても（　　　　）がなるまで座っていてください。

1 ランチ　　　　　2 メンバー　　　　3 ベル　　　　　　4 プール

問題4 _____に意味が最も近いものを、1・2・3・4から一つえらびなさい。

1 私は服を買うとき、値段をよく比べてから買っている。

1 価値　　　　　　2 質　　　　　　　3 店員　　　　　　4 価格

2 どろぼうに入られたが、お金は盗まれなかった。

1 見つかれなかった　　　　　　　　　2 くれなかった

3 とられなかった　　　　　　　　　　4 あげなかった

3 朝と夜の温度差が激しくて風邪をひきやすい。

1 ひどくて 　　　　2 低くて 　　　　3 多くて 　　　　4 広くて

4 給料について店長からはっきりした答えを聞きたい。

1 確認な 　　　　2 確実な 　　　　3 確定な 　　　　4 確保な

5 べつに忙しくないからいつでも連絡ください。

1 とても 　　　　2 いつも 　　　　3 じょじょに 　　　　4 あまり

問題5　つぎのことばの使い方として最もよいものを、一つえらびなさい。

1 熱

1 天気予報によると、午後は熱があがるそうです。

2 水の熱はどのぐらいが一番いいですか。

3 朝から熱がひどくて会社へ行きませんでした。

4 窓から熱が入ってきて部屋が明るくなった。

2 脱ぐ

1 コップはしっかり脱いでおいてください。

2 つつまれている紙は脱いで使ってください。

3 壁から絵を脱いでくれませんか。

4 プールに入るときは上着を脱いでください。

3 暇

1 暇なときは主に何をしていますか。

2 友だちに会って暇に遊びました。

3 このごろ、試験勉強でとても暇です。

4 彼は暇な性格だから今日も遅れるはずだ。

4 恥ずかしい

  1 いろいろ手伝ってくださって<u>恥ずかしい</u>です。

  2 子どもは<u>恥ずかしい</u>映画を見て泣いてしまった。

  3 彼はいつも<u>恥ずかしい</u>音楽を聞いています。

  4 人の前で笑われてとても<u>恥ずかしかった</u>。

5 逃げる

  1 友だちがゆっくり<u>逃げて</u>きました。

  2 犯人をつかまえるために<u>逃げました</u>。

  3 ある人がかばんを<u>盗んで逃げました</u>。

  4 用事があって、パーティーに<u>逃げられません</u>。

정답은 P.142

CHAPTER 9

1 명사

음독 명사

ふうとう 封筒 봉투	ふうふ 夫婦 부부	ふく 服 옷	ふくしゅう 復習 복습
ふくすう 複数 복수	ぶちょう 部長 부장	ふつう 普通 보통	ふっとう 沸騰 비등, 끓어오름
ふとん 布団 이불	ぶぶん 部分 부분	ぶんか 文化 문화	ぶんがく 文学 문학
ぶんしょう 文章 문장	ぶんや 分野 분야	ぶんるい 分類 분류	へいきん 平均 평균
へいじつ 平日 평일	へいわ 平和 평화	へんか 変化 변화	べんきょう 勉強 공부
へんこう 変更 변경	へんじ 返事 대답	べんとう 弁当 도시락	ぼうえき 貿易 무역
ほうこう 方向 방향	ぼうし 帽子 모자	ほうしん 方針 방침	ほうそう 放送 방송
ほうそう 包装 포장	ほうほう 方法 방법	ほうもん 訪問 방문	ほうりつ 法律 법률
ぼく 僕 나, 저(남성 인칭 대명사)	ぼしゅう 募集 모집	ほんやく 翻訳 번역	まいしゅう 毎週 매주
まいにち 毎日 매일	まいばん 毎晩 매일 밤	まんが 漫画 만화	まんぞく 満足 만족
まんねんひつ 万年筆 만년필	みらい 未来 미래	めいれい 命令 명령	めんせつ 面接 면접

훈독 명사

ぶたにく 豚肉 돼지고기	ふね 船 배	へや 部屋 방	ほんや 本屋 책방
ほんだな 本棚 책장	まいあさ 毎朝 매일 아침	まいつき 毎月 매월	まご 孫 손자
まち 町 마을	まつり 祭り 축제	まど 窓 창문	まめ 豆 콩
みぎ 右 오른쪽	みずうみ 湖 호수	みせ 店 가게	みどり 緑 녹색, 초록, 녹음
みなと 港 항구	みなみ 南 남, 남쪽	みみ 耳 귀	みやこ 都 수도, 도시

むかし 昔 옛날	む 向き 방향	むし 虫 곤충, 벌레	むすこ 息子 아들
むすめ 娘 딸	むね 胸 가슴	むら 村 마을	め がね 眼鏡 안경

2 동사

ひ 冷える 식다, 차가워지다	ひか 光る 빛나다	ひ う 引き受ける 떠맡다
ひ 弾く 악기를 켜다, 연주하다	ひ 引く 당기다, (사전을) 찾다	びっくりする 놀라다
ひ こ 引っ越す 이사하다	ひ 冷やす 식히다, 차게 하다	ひら 開く 열다, 펼치다, 개최하다
ひろ 拾う 줍다	ふ 増える 증가하다	ふ 吹く 불다
ふく 닦다, (걸레 등으로) 훔치다	ふせ 防ぐ 막다	ふと 太る 살찌다
ふ 踏む 밟다	ふ 増やす 늘리다, 증가시키다	ふ 降る 내리다
減らす 줄이다	へ 減る 줄다	ほ 干す 말리다
ほ 誉める 칭찬하다	ま 負ける 지다	ま 曲げる 굽히다, 구부리다
ま あ 待ち合わせる 시간과 장소를 정하고 만나기로 하다	まち 間違がえる 틀리다
ま 待つ 기다리다	ま あ 間に合う 시간에 맞추다	まね 招く 초대하다, 초래하다
まよ 迷う 헤매다, 망설이다	まわ 回す 돌리다	まわ 回る 돌다
み 見つかる 발견되다	み 見つける 발견하다	み 身につける 몸에 지니다, 배워 익히다
むか 向う 향하다	むか 迎える 맞이하다, 마중하다	むす 찌다
むす 結ぶ 묶다, 맺다	もう こ 申し込む 신청하다	も 燃える 타다
も 持つ 들다, 가지다	もと 求める 구하다	もど 戻る 되돌아가다, 되돌아오다

3 い형용사

ほしい 갖고 싶다	細^{ほそ}い 가늘다	まずい 맛없다
貧^{まず}しい 가난하다	まぶしい 눈부시다	丸^{まる}い 둥글다
短^{みじか}い 짧다	難^{むずか}しい 어렵다	珍^{めずら}しい 드물다, 희귀하다
面倒^{めんどう}くさい 귀찮다	申^{もう}し訳^{わけ}ない 죄송하다, 면목 없다	もったいない 아깝다

4 な형용사

複雑^{ふくざつ}だ 복잡하다	不思議^{ふしぎ}だ 이상하다, 괴이하다	不注意^{ふちゅうい}だ 부주의하다
不便^{ふべん}だ 불편하다	変^{へん}だ 이상하다	便利^{べんり}だ 편리하다
本当^{ほんとう}だ 정말이다		

5 부사 및 기타

ほとんど 거의, 대부분	ほぼ 거의, 대강	まず 우선, 먼저
ますます 점점 더	まったく 전혀	まるで 마치
むしろ 오히려	めったに 거의, 좀처럼	もう 이제, 벌써
もうすぐ 이제 곧	もし 만약	もちろん 물론
もっと 좀 더, 더욱		

マナー 매너	マッチ 성냥	メートル 미터
メニュー 메뉴	メンバー 멤버	ユーモア 유머
ランチ 런치, 점심(식사)	リサイクル 리사이클, 재활용	ルール 룰, 규칙
レコード 레코드	レジ 계산대	レストラン 레스토랑
レポート 리포트, 보고서		

問題1 ＿＿＿＿のことばの読み方として最もよいものを、1・2・3・4から一つえらびなさい。

1 広くてきれいな部屋に住みたいです。

1 ぶや　　　　　　2 へや　　　　　　3 ぶおく　　　　　　4 へおく

2 わたしは毎朝新聞を読んでから会社へ行きます。

1 まいちょう　　　2 まいしゅう　　　3 まいにち　　　　4 まいあさ

3 青い湖に白い船が浮かんでいて、まるで絵のようだった。

1 いけ　　　　　　2 うみ　　　　　　3 みずうみ　　　　4 かわ

4 体の調子が悪くて、アルバイトの面接にいけなかった。

1 めんせつ　　　　2 めんぜつ　　　　3 めんさつ　　　　4 めんざつ

5 社長は普通、7時には会社にいらっしゃいます。

1 ふうつう　　　　2 ふつう　　　　　3 ふうつ　　　　　4 ふつ

6 名前が呼ばれたら、大きな声で返事をしてください。

1 はんじ　　　　　2 かんじ　　　　　3 へんじ　　　　　4 かえじ

7 最近、たばこをやめようとする人の数が増えている。

1 ふえて　　　　　2 そえて　　　　　3 むかえて　　　　4 かぞえて

8 一人で泣いている子どもは道に迷っているに違いない。

1 まわって　　　　2 まよって　　　　3 まちがって　　　　4 うしなって

問題2 ＿＿＿のことばを漢字で書くとき、最もよいものを1・2・3・4から一つえらびなさい。

1 30代になってはじめてべんきょうが楽しくなった。

   1 勉強   2 強勉   3 眠強   4 勉張

2 息子は新しい学校にまんぞくしています。

   1 借足   2 満促   3 借促   4 満足

3 テレビでサッカーの試合がほうそうされている。

   1 方送   2 放送   3 法送   4 訪送

4 申し訳ありませんが、少々おまちください。

   1 持ち   2 待ち   3 侍ち   4 寺ち

5 約束の時間にはまにあうからゆっくり歩きましょう。

   1 間に合う   2 間に会う   3 聞に合う   4 聞に会う

6 日本の小学生は冬でもみじかいズボンをはいている。

   1 短い   2 狭い   3 短かい   4 細い

問題3 （　　　）に入れるのに最もよいものを、1・2・3・4から一つえらびなさい。

1 日本にはいろんな（　　　）があるので、世界中の人が遊びに来る。

   1 車   2 波   3 祭り   4 挨拶

2 忘れないためには習ったことを必ず（　　　）しなければならない。

   1 訓練   2 予習   3 読書   4 復習

3 予約が済んだら（　　　）はできませんので、ご注意ください。

   1 約束   2 変更   3 変化   4 返事

4 分からない単語があったら辞書を（　　　　）みてください。

1 引いて　　　　　　　2 探して　　　　　　　3 書いて　　　　　　　4 習って

5 電車の中でとなりの人に足を（　　　　）気分が悪かった。

1 押されて　　　　　　2 引かれて　　　　　　3 踏まれて　　　　　　4 盗まれて

6 ビールはやっぱり冷蔵庫で（　　　　）飲んだ方ほうがおいしいですね。

1 温めて　　　　　　　2 ぬるくして　　　　　3 冷やして　　　　　　4 沸かして

7 深い海の中には（　　　　）魚がたくさんいるそうだ。

1 辛い　　　　　　　　2 汚い　　　　　　　　3 親しい　　　　　　　4 珍しい

8 買ったばかりのおもちゃが壊れてとても（　　　　）。

1 もったいなかった　2 寒かった　　　　　　3 嬉しかった　　　　　4 面白かった

9 朝からやり続けたので宿題は（　　　　）終わりました。

1 ほんとう　　　　　　2 ほとんど　　　　　　3 もうすぐ　　　　　　4 ぜんぜん

10 （　　　　）をかけないで寝たら風邪をひきやすい。

1 床　　　　　　　　　2 畳　　　　　　　　　3 布団　　　　　　　　4 部屋

11 コンビニの（　　　　）ではお金を払うだけでなく、チケットも買える。

1 レストラン　　　　　2 メニュー　　　　　　3 レジ　　　　　　　　4 ランチ

問題4 ＿＿＿＿＿＿に意味が最も近いものを、1・2・3・4から一つえらびなさい。

1 1月なのに雪が降ってびっくりしました。

1 喜びました　　　　　2 悲しみました　　　　3 苦しみました　　　　4 驚きました

2 彼女が遅刻するなんて、めったにないことですね。

1 ときどき　　　　　　2 なかなか　　　　　　3 ますます　　　　　　4 そろそろ

3 このパンは変な臭いがするから食べないほうがよさそうだ。

1 苦い 　　　　　　　 2 甘い 　　　　　　　 3 おかしい 　　　　　　 4 わるい

4 夏休みには生徒たちの家を訪問するつもりです。

1 たずねる 　　　　　 2 よる 　　　　　　　 3 いらっしゃる 　　　 4 まいる

5 エリさんがピアノを弾いているのを見ました。

1 直して 　　　　　　 2 引いて 　　　　　　 3 演奏して 　　　　　 4 演技して

問題5　つぎのことばの使い方として最もよいものを、一つえらびなさい。

1 複雑

1 あの人は複雑な車を持っています。

2 複雑な映画はあまり見たくありません。

3 冬休みになって、複雑に暮らしています。

4 このきかいの使い方はとても複雑です。

2 拾う

1 年末だから事務室でも拾いましょう。

2 みんな自分の机の上を拾ってください。

3 いらないものは拾ったほうがいいじゃないですか。

4 みなさんは道でお金を拾ったらどうしますか。

3 まず

1 まず田中君から発表していただきます。

2 社長はまず他の電話に出ております。

3 今日は約束があって、まず失礼いたします。

4 まずのうるさい音は何でしたか。

4　もうすぐ

1　この道をもうすぐ行くと銀行があります。

2　まだ8時だから、もうすぐ飲みましょう。

3　もうすぐ来るはずだから、ちょっと待ちましょう。

4　事故で地下鉄がもうすぐ来ました。

5　迎える

1　友だちを駅まで迎えてあげました。

2　インターネットを迎えて宿題をしています。

3　両親を迎えに駅に行かなければなりません。

4　駅からバスで迎えました。

정답은 P.142

CHAPTER 10

1 명사

음독 명사

もくてき 目的 목적	もん 門 문	もん く 文句 불평	もんだい 問題 문제
やくそく 約束 약속	や さい 野菜 야채, 채소	や ちん 家賃 집세	ゆうじん 友人 친구
ゆうはん 夕飯 저녁밥	ゆうびんきょく 郵便局 우체국	ゆ しゅつ 輸出 수출	ゆ にゅう 輸入 수입
よう い 用意 준비	よう き 容器 용기, 그릇	よう じ 用事 볼일, 용무	よう す 様子 모습
ようふく 洋服 양복	よう と 用途 용도	よ しゅう 予習 예습	よ てい 予定 예정
よ やく 予約 예약	らいしゅう 来週 다음 주	らいねん 来年 내년	り かい 理解 이해
り ゆう 理由 이유	りゅうがく 留学 유학	りゅうこう 流行 유행	り よう 利用 이용
りょうきん 料金 요금	りょうしん 両親 양친, 부모님	りょう り 料理 요리	りょかん 旅館 여관
りょこう 旅行 여행	る す 留守 부재중	れいがい 例外 예외	れいぞう こ 冷蔵庫 냉장고
れいぼう 冷房 냉방	れき し 歴史 역사	れつ 列 열, 줄	れんしゅう 練習 연습
れんぞく 連続 연속	れんらく 連絡 연락	ろう か 廊下 복도	わ だい 話題 화제

훈독 명사

もう こ 申し込み 신청	ものがたり 物語 이야기	もり 森 숲	やおや 八百屋 채소가게
やまみち 山道 산길	ゆうがた 夕方 저녁때	ゆうべ 어젯밤	ゆか 床 바닥
ゆき 雪 눈	ゆめ 夢 꿈	よう か 八日 8일	よこ 横 옆
よる 夜 밤	わけ 訳 뜻, 이유, 까닭	わりあい 割合 비율	わりびき 割引 할인

焼^やく 굽다	役^{やく}に立^たつ 도움이 되다	焼^やける 구워지다
養^{やしな}う 기르다, 양육하다	やせる 여위다	破^{やぶ}る 찢다, 부수다, 깨뜨리다
破^{やぶ}れる 찢어지다, (약속을) 어기다	止^やむ 그치다, 멈추다	ゆでる 삶다, 익히다
許^{ゆる}す 허락하다	揺^ゆれる 흔들리다	汚^{よご}す 더럽히다
汚^{よご}れる 더러워지다	呼^よび掛^かける 호소하다	呼^よぶ 부르다
寄^よる 다가서다, 들르다	喜^{よろこ}ぶ 기뻐하다	沸^わかす 끓이다
別^{わか}れる 헤어지다	沸^わく 끓다	忘^{わす}れる 잊다
わびる 사과하다	笑^{わら}う 웃다	割^わる 깨다
割^われる 깨지다		

3 경어

존경어(상대를 높이는 말)

いらっしゃる 가시다, 오시다, 계시다	おいでになる 가시다, 오시다, 계시다	おっしゃる 말씀하시다
ご存知^{ぞんじ}だ 아시다	ご覧^{らん}になる 보시다	なさる 하시다
召^めし上^あがる 드시다		

겸양어(자신을 낮추는 말)

いたす 하다	いただく 먹다, (삼가) 받다	伺^{うかが}う 여쭙다, 찾아뵙다
お目^めにかかる 뵙다	おる 있다	存^{ぞん}じる 알다
拝見^{はいけん}する 삼가 보다	参^{まい}る 가다, 오다	申^{もう}す 말씀드리다

やる (아랫사람에게) 주다	あげる (동년배에게) 주다	差し上げる (윗사람에게) 드리다
くれる (남이 내게) 주다	くださる (윗사람이 내게) 주시다	もらう (동년배에게) 받다
いただく (윗사람에게) 받다		

やかましい 시끄럽다, 성가시다	易しい 쉽다	優しい 상냥하다, 다정하다
安い 싸다	柔らかい 부드럽다	緩い 느슨하다, 완만하다
良い 좋다	弱い 약하다	若い 젊다
悪い 나쁘다, 미안하다		

真面目だ 성실하다	まれだ 드물다	見事だ 멋지다, 훌륭하다
むだだ 헛되다	無理だ 무리다	有名だ 유명하다
豊かだ 풍요롭다, 풍족하다	立派だ 훌륭하다	わがままだ 제멋대로 굴다

約^{やく} 약, 대략	やっと 겨우, 간신히	やはり/やっぱり 역시
ゆっくり 천천히	割合に^{わりあい} 비교적, 예상보다	～回^{かい} ~회(횟수)
～階^{かい} ~층(건물의 층)	～軒^{けん} ~채(건물)	～個^こ ~개(작은 물건)
～冊^{さつ} ~권(책)	～足^{そく} ~족(양말, 신발)	～台^{だい} ~대(큰 물건)
～度^ど ~번(횟수)	～杯^{はい} ~잔(음료)	～匹^{ひき} ~마리(동물)
～本^{ほん} ~자루, ~병(긴 물건)	～枚^{まい} ~장(얇고 평평한 물건)	

問題1 _____のことばの読み方として最もよいものを、1・2・3・4から一つえらびなさい。

1　深い森の中にうつくしい池があった。

1　き　　　　　　　2　まち　　　　　　3　はやし　　　　　4　もり

2　ダイエットのために夕飯を食べないことにしている。

1　ゆうしょく　　　2　ゆうはん　　　　3　ゆうめし　　　　4　ゆうごはん

3　ひさしぶりに大学の友人にあって映画をみた。

1　ゆうじん　　　　2　ゆうにん　　　　3　ゆうびと　　　　4　ともだち

4　旅行の用意は一日前までにしておいたほうがいいよ。

1　ようじ　　　　　2　ようい　　　　　3　じゅんび　　　　4　したく

5　これからも海外へ留学に行く生徒たちは増えるだろう。

1　りゅがく　　　　2　ゆうがく　　　　3　りゅうがく　　　　4　ゆがく

6　最近、ハイブリッドカーが話題になっている。

1　かだい　　　　　2　はなだい　　　　3　しゅくだい　　　　4　わだい

7　駅前のスーパーはいつも割引商品でいっぱいだ。

1　わりびき　　　　2　わりひき　　　　3　かつびき　　　　4　かつひき

8　牛肉だけでなく豚肉も外国から輸入しています。

1　しゅにゅう　　　2　ゆにゅう　　　　3　しゅうにゅう　　　4　ゆうにゅう

問題2 ＿＿＿＿のことばを漢字で書くとき、最もよいものを1・2・3・4から一つえらび
なさい。

1 肉を食べるときはやさいもいっしょに食べましょう。
1 野菜　　　　　　2 理菜　　　　　　3 野采　　　　　　4 理采

2 ここはやちんが安くて若者たちには住みやすいところだ。
1 賃貸　　　　　　2 家賃　　　　　　3 家借　　　　　　4 借金

3 きかいがあれば日本のりょかんに行ってみてください。
1 族館　　　　　　2 旅飯　　　　　　3 族飯　　　　　　4 旅館

4 学校で習った英語がアメリカでとてもやくにたった。
1 役に立った　　　2 役に建った　　　3 約に立った　　　4 約に建った

5 人との約束を簡単にやぶってはいけませんよ。
1 壊って　　　　　2 割って　　　　　3 破って　　　　　4 忘って

6 田中さんは新しい車を買ってとてもよろこんでいる。
1 嬉んで　　　　　2 喜んで　　　　　3 悲んで　　　　　4 苦んで

問題3 （　　　　）に入れるのに最もよいものを、1・2・3・4から一つえらびなさい。

1 日本は車の産業がさかんで、世界中に車を（　　　　）しています。
1 広告　　　　　　2 輸出　　　　　　3 輸送　　　　　　4 輸入

2 すみませんが、主人は今（　　　　）なので、後でおかけください。
1 留守　　　　　　2 留学　　　　　　3 出場　　　　　　4 出席

3 このマンションには（　　　　）がついているので、夏も心配ありません。
1 暖房　　　　　　2 冷気　　　　　　3 温暖　　　　　　4 冷房

4 先生が（　　　　）とおりにすれば合格すると思います。

1 もうしあげた　　　　2 はいけんした　　　　3 いらっしゃった　　　4 おっしゃった

5 社長は昨夜のニュース、（　　　　）。

1 みましたか　　　　　　　　　　　　　　2 はいけんしましたか

3 ごらんになりましたか　　　　　　　　　4 なさいましたか

6 それでは明日、先生の研究室に（　　　　）ので、よろしくお願いします。

1 いらっしゃいます　　　　　　　　　　　2 おめにかかります

3 なさいます　　　　　　　　　　　　　　4 うかがいます

7 どうぞ、遠慮なくたくさん（　　　　）ください。

1 いただいて　　　　2 おっしゃって　　　　3 まいって　　　　4 めしあがって

8 相談のために先生が家に（　　　　）ことになっています。

1 まいる　　　　　　2 うかがう　　　　　　3 いらっしゃる　　　4 おっしゃる

9 私は毎朝牛乳と（　　　　）パンを食べています。

1 暑い　　　　　　　2 寂しい　　　　　　　3 柔らかい　　　　　4 深い

10 彼は金持ちだから、車も2（　　　　）以上持っているはずだ。

1 軒　　　　　　　　2 冊　　　　　　　　　3 個　　　　　　　　4 台

11 うちのとなりは犬を3（　　　　）も飼っていて、いつもうるさい。

1 匹　　　　　　　　2 杯　　　　　　　　　3 足　　　　　　　　4 個

問題4　＿＿＿＿＿＿に意味が最も近いものを、1・2・3・4から一つえらびなさい。

1 やせたいなら遅くに食べないほうがいいですよ。

1 元気になりたい　　　　　　　　　　　　2 太くなりたい

3 細くなりたい　　　　　　　　　　　　　4 丈夫になりたい

2. 10年前に別れたその方にぜひ一度お目にかかりたいです。

1 参りたい　　　　2 伺いたい　　　　3 お会いしたい　　　4 拝見したい

3. 社長がおいでになるまでここでお待ちしております。

1 食べられる　　　2 見られる　　　　3 来られる　　　　4 帰られる

4. 彼は誰にもまけない立派な実力を持っています。

1 派手な　　　　　2 素直な　　　　　3 見事な　　　　　4 地味な

5. この小説は原書の中で割合に易しいほうだ。

1 一番　　　　　　2 比較的　　　　　3 少なくとも　　　4 ちょっと

問題5　つぎのことばの使い方として最もよいものを、一つえらびなさい。

1. 用事

   1 今晩は家で出張の用事をしなければなりません。

   2 私が病気の時、姉が用事してくれました。

   3 今日は別の用事がありまして、申し訳ございません。

   4 社会では用事を守ることが一番大事です。

2. 予約

   1 明日の勉強を今晩予約しておきなさい。

   2 3時に駅の前で友だちと会う予約をしました。

   3 パーティーのためにレストランを予約しておきました。

   4 今週の週末は海へ行く予約です。

3. 沸かす

   1 床が冷たいからストーブを沸かしましょう。

   2 お風呂の水が沸かしています。

   3 お湯を沸かしてお茶でもしましょうか。

   4 かたいから口の中でよく沸かして食べなさい。

4 おる

1 田中先生は今どちらに<u>おります</u>か。

2 部長もいっしょに食事に<u>おりません</u>か。

3 社長がきゅうに会議室に<u>おりました</u>。

4 外でお待ちして<u>おります</u>。

5 やっと

1 かわいがっていた犬が<u>やっと</u>死んでしまった。

2 日本の物価はまだ中国より<u>やっと</u>高いです。

3 <u>やっと</u>書類ができあがりました。

4 来週も<u>やっと</u>遊びにきてくださいね。

정답은 P.142

問題1 ＿＿＿＿のことばの読み方として最もよいものを、1・2・3・4から一つえらびなさい。

1 この背広は値段のわりに上等品に見えますね。

　　1 はいひろ　　　　2 はいびろ　　　　3 せひろ　　　　4 せびろ

2 日本はまだ縦書きがたくさん残っています。

　　1 よこ　　　　　　2 たて　　　　　　3 じゅう　　　　4 おう

3 ヒーターやストーブなどの暖房器具を買わなければなりません。

　　1 なんぼう　　　　2 なんほう　　　　3 たんぼう　　　4 だんぼう

4 アフリカには様々な野生動物が生きています。

　　1 どうもう　　　　2 とうもつ　　　　3 どうふつ　　　4 どうぶつ

5 毎月十日はいろいろな税金を払う日です。

　　1 ようか　　　　　2 とおか　　　　　3 ここのか　　　4 いつか

6 お問い合わせの番号が次のように変更になりました。

　　1 つぎ　　　　　　2 つき　　　　　　3 だい　　　　　4 たい

7 最近、禁煙する場所が多くなって灰皿が見られなくなった。
　　　きんえん

　　1 へいさら　　　　2 へいざら　　　　3 はいさら　　　4 はいざら

8 紙の端のところをこのように折ります。

　　1 すえ　　　　　　2 はし　　　　　　3 すみ　　　　　4 そこ

問題2 ＿＿＿＿のことばを漢字で書くとき、最もよいものを、1・2・3・4から一つえらびなさい。

9 卒業してからずっとこの会社につとめてきました。

　　1 働めて　　　　　2 勤めて　　　　　3 努めて　　　　4 務めて

10 真ん中に立っている人は<u>だれ</u>ですか。

    1 論   2 彼   3 誰   4 語

11 子供たちの<u>すなおさ</u>だけはまもってやりたい。

    1 素直   2 素植   3 表直   4 表植

12 一番<u>とくい</u>なことは楽器演奏（えんそう）です。

    1 得意   2 得思   3 得異   4 得易

13 窓の外から美しい<u>とり</u>の声が聞こえてきました。

    1 島   2 鳥   3 蔦   4 長

14 韓国人と日本人は食事の時、<u>はし</u>を使う。

    1 端   2 橋   3 箸   4 筆

問題3 （　　　）に入れるのに最もよいものを、1・2・3・4から一つえらびなさい。

15 人生はどうせ（　　　）の連続だから早く決めなさい。

    1 洗濯   2 節約   3 卒業   4 選択

16 姉にひっこしの手伝いを（　　　）。

    1 たてられた   2 よばられた   3 まもられた   4 たのまれた

17 IT業界では新商品が（　　　）と出ている。

    1 ちょうど   2 とくに   3 つぎつぎ   4 とうとう

18 学校内では（　　　）をはくことになっている。

    1 スプーン   2 スリッパ   3 セーター   4 オーバー

19 この道は人の（　　　）が多くて夜にも怖くない。

    1 とおり   2 とおく   3 どうさ   4 つごう

20 日本人は食事の時、（　　　）を持ってご飯を食べる。

    1 おちゃ   2 ちゃどう   3 ちゃわん   4 ちゃのゆ

21 彼は毎日ジャケットを取り（　　　　）会社に来る。

1 かえて　　　　2 こんで　　　　3 なおして　　　　4 もどして

22 庭にネットを（　　　　）バドミントンをした。

1 はじめて　　　　2 はって　　　　3 のびて　　　　4 ぬって

23 少年は警察官の質問に（　　　　）と答えた。

1 はきはき　　　　2 ぴったり　　　　3 さらさら　　　　4 ぴかぴか

24 歯が弱くて肉は必ず（　　　　）食べている。

1 にて　　　　2 はずして　　　　3 かけて　　　　4 やけて

25 このペンは（　　　　）すぎてちょっと書きにくい。

1 ふと　　　　2 はで　　　　3 ひま　　　　4 ひろ

問題4 ＿＿＿＿＿＿に意味が最も近いものを、1・2・3・4から一つえらびなさい。

26 彼はどんな話を聞いてもちっとも驚かない。

1 あっさり　　　　2 すっかり　　　　3 すこしも　　　　4 あまり

27 朝ごとに出勤の準備に忙しい。

1 したく　　　　2 せいさく　　　　3 つくり　　　　4 あらい

28 誰にでもできる単純なしごとです。

1 やさしい　　　　2 つまらない　　　　3 ぬるい　　　　4 やかましい

29 ２次試験は論文についての発表と面接だった。

1 メニュー　　　　2 レコード　　　　3 レポート　　　　4 プレゼンテーション

30 どうせ結果は決まっているんじゃない？

1 結局　　　　2 当然　　　　3 突然　　　　4 多分

問題5 つぎのことばの使い方として最もよいものを、一つえらびなさい。

[31] 務める

1 私の兄は大企業に務めています。

2 韓国人がハリウッド映画の主役を務めました。

3 箱は3階の倉庫に務めておいてください。

4 水におぼれた子供を務めてやりました。

[32] 全般

1 業務全般にわたっての研修があった。

2 全般戦のスコアは忘れて今からがんばろう。

3 ツナ一つとキムチ二つ、全般で４５０円です。

4 彼は全般愛を持っている人でした。

[33] 超過

1 人間の限界を超過した。

2 「飲み超過し禁止」と書いてある示しが見えます。

3 この駐車場は超過料金が高くてあまり利用しない。

4 人は誰でも超過能力を持っている。

[34] なるべく

1 なるべく専門家らしいですね。

2 治療を受ければなるべく治るよ。

3 努力してもなるべく成績が上がらない。

4 時間は十分ですがなるべく早く行こう。

[35] 激しい

1 もうハングルが読めるなんて激しいね。

2 これは本当に激しい実績ですね。

3 紹介は激しいのでやめさせてください。

4 ファッション業界は流行の変化が激しい。

정답은 P.143

問題1 ＿＿＿＿のことばの読み方として最もよいものを、1・2・3・4から一つえらびなさい。

1 二十歳になる息子のためにスーツを買いました。

1 はつか　　　2 はづか　　　3 はたち　　　4 はだち

2 鈴木さんはいつも文句ばかり言っている。

1 もんく　　　2 ぶんく　　　3 ふみく　　　4 もんくう

3 あの作家は派手な文章で有名です。

1 もんしょう　　2 もんじょう　　3 ぶんしょう　　4 ぶんじょう

4 人にあいさつする時は帽子を脱いだほうがいい。

1 ほうし　　　2 ぼうし　　　3 ほうじ　　　4 ぼうじ

5 新年の葉書を送るために郵便局に行ってきた。

1 ゆびんきょく　　2 ゆびんぎょく　　3 ゆうびんきょく　　4 ゆうびんぎょく

6 毎月八日は家族と映画を見に行っています。

1 ようか　　　2 ここのか　　　3 よっか　　　4 とおか

7 花屋さんはここを右にまがって三軒目にあります。

1 さんけんめ　　2 さんげんめ　　3 さんけんもく　　4 さんげんもく

8 五人に一人の割合でガンが発病するそうだ。

1 わりあい　　　2 わりびき　　　3 わりごう　　　4 わりひき

問題2 ＿＿＿＿のことばを漢字で書くとき、最もよいものを、1・2・3・4から一つえらびな
さい。

9 私はまだひこうきに乗ったことがありません。

1 飛行機　　　2 飛行器　　　3 飛行期　　　4 飛行記

10 <u>ひま</u>ができたらチェジュ島<ruby>島<rt>とう</rt></ruby>に行ってみたい。

1 静 　　　　　2 時 　　　　　3 寂 　　　　　4 暇

11 <u>まいばん</u>遅くまで本を読んでいるそうだ。

1 毎晩 　　　　2 毎朝 　　　　3 毎昼 　　　　4 毎勉

12 プールで<u>めがね</u>をおとして新しいのを買った。

1 目鏡 　　　　2 眼鏡 　　　　3 目鐘 　　　　4 眼鐘

13 この<u>やおや</u>はいつも新鮮な野菜を売っている。

1 矢百屋 　　　2 也百屋 　　　3 八百屋 　　　4 夜百屋

14 カップラーメンはお湯を<u>わかす</u>だけで便利に食べられる。

1 煮かす 　　　2 沸かす 　　　3 焼かす 　　　4 蒸かす

問題3 （　　　　）に入れるのに最もよいものを、1・2・3・4から一つえらびなさい。

15 ゆかにペイントをぬったから（　　　　）ようにしてください。

1 ふまない 　　2 ふかない 　　3 もたない 　　4 おちない

16 簡単な内容までコピーするのは紙が（　　　　）。

1 ほしい 　　　2 もったいない 　3 まずしい 　　4 めずらしい

17 金ヨナ選手の演技はスポーツというより（　　　　）芸術に近い。

1 むしろ 　　　2 まず 　　　　3 めったに 　　4 もうすぐ

18 ライターがなくて（　　　　）で火をつけた。

1 メニュー 　　2 レジ 　　　　3 マッチョ 　　4 マッチ

19 <ruby>無愛想<rt>ぶ あいそう</rt></ruby>な人より（　　　　）のある人が好きだ。

1 ルール 　　　2 アイデア 　　3 ユーモア 　　4 シリーズ

20 勉強に<ruby>邪魔<rt>じゃ ま</rt></ruby>になるから（　　　　）で走ってはいけません。

1 <ruby>倉庫<rt>そう こ</rt></ruby> 　　2 <ruby>壁<rt>かべ</rt></ruby> 　　　　3 <ruby>畳<rt>たたみ</rt></ruby> 　　　4 <ruby>廊下<rt>ろう か</rt></ruby>

21 日本語や中国語などの第二外国語は就職にとても（　　　）に立つ。

1 往　　　　　　　2 彼　　　　　　　3 役　　　　　　　4 得

22 部長、今朝の新聞、（　　　）。

1 なさいましたか　　　　　　　2 おっしゃいましたか

3 まいりましたか　　　　　　　4 ごらんになりましたか

23 皆さんはビタミンの効能について（　　　）。

1 めしあがりましたか　　　　　　2 はいけんしましたか

3 ごぞんじですか　　　　　　　　4 いたしましたか

24 帰り道でお菓子とビール1（　　　）を買いました。

1 回　　　　　　　2 本　　　　　　　3 台　　　　　　　4 杯

25 先生の誕生日に花束を（　　　）。

1 やりました　　　　2 くれました　　　　3 くださいました　　　4 さしあげました

問題4 ＿＿＿＿＿に意味が最も近いものを、1・2・3・4から一つえらびなさい。

26 今月になって急に冷えてきたような気がする。

1 すずしくなった　　　2 あつくなった　　　3 あたたかくなった　　4 さむくなった

27 うちの子は本が好きでテレビはめったに見ない。

1 ほとんど　　　　2 ぜんぜん　　　　3 まったく　　　　4 ぜったいに

28 先生がわざわざ私のところへいらっしゃいました。

1 行かれました　　　2 来られました　　　3 されました　　　4 おられました

29 うそをついたことをわびるべきではないでしょうか。

1 頼む　　　　　　2 許す　　　　　　3 罰せる　　　　　4 謝る

30 それについては社長が説明をなさいます。

1 いたします　　　2 ぞんじます　　　3 されます　　　4 おいでになります

問題5 つぎのことばの使い方として最もよいものを、一つえらびなさい。

31 苦手

1 最近、苦手な天気が続いています。

2 サウナに行ってきて、気持ちが苦手になってきた。

3 数学は苦手で、好きじゃないです。

4 そんな苦手な思いはしないでください。

32 迷う

1 高校3年の息子は大学で何を専攻するか迷っている。

2 ちょっとした油断が人災を迷ってしまった。

3 急いでも最後の電車には迷わない。

4 今、そちらに迷っているから待っていてください。

33 返事

1 父は勉強に夢中になって呼んでも返事がない。

2 お客さまの変心による返事はできません。

3 文化財の返事に関する論争が起きています。

4 借りた本を図書館に返事してきた。

34 もらう

1 お客様、少々お待ちもらいます。

2 先生が日本語を教えてもらいました。

3 後輩が私の荷物を運んでもらった。

4 妹に誕生日のプレゼントをもらった。

35 むだ

1 お客さまにむだにしてはいけません。

2 時間をむだに使ってはいけません。

3 仕事ばかりして体がむだになってしまった。

4 体にむだなものは食べないことにしている。

정답은 P.143

부록

問題1 ＿＿＿＿のことばの読み方として最もよいものを、1・2・3・4から一つえらびなさい。

1 ご応募はホームページから。

    1 おうも   2 おうぼ   3 おうほ   4 おうご

2 その問題は過去のものとなった。

    1 かこ   2 かきょ   3 かこう   4 かきょう

3 血液型による違いはありません。

    1 けつえきかた   2 げつえきかた   3 げつえきがた   4 けつえきがた

4 店内では禁煙となっております。

    1 きつえん   2 きんえん   3 きっえん   4 きんえつ

5 その会社は広告を大きくやっている。

    1 ほうこく   2 こうほく   3 こうこく   4 こうこつ

6 大阪は日本の代表的な商業都市である。

    1 しょうぎょう   2 しょうぎょ   3 そうぎょう   4 そうぎょ

7 感情を表すのが難しかった。

    1 あらす   2 あらわす   3 あわらす   4 あきらかす

8 現在、警察は犯人の行方を追っている。

    1 つって   2 そって   3 おって   4 むかって

問題2 _____ のことばを漢字で書くとき、最もよいものを1・2・3・4から一つえらびなさい。

9　あのミュージシャンはいろんな<u>がっき</u>をやっている。

　　1 楽器　　　　　2 楽機　　　　　3 薬器　　　　　4 薬機

10　韓国の<u>かんこう</u>バスでは音楽を流すことがある。

　　1 歓光　　　　　2 勧光　　　　　3 簡光　　　　　4 観光

11　今回の<u>しけん</u>はとても易しかった。

　　1 試剣　　　　　2 試験　　　　　3 試険　　　　　4 試倹

12　そこへ行くには<u>さか</u>を上らなければならない。

　　1 阪　　　　　　2 坂　　　　　　3 仮　　　　　　4 返

13　共働きなので、子供を<u>あずける</u>しかありません。
　　<small>ともばたら</small>

　　1 視ける　　　　2 碩ける　　　　3 預ける　　　　4 頂ける

14　景色がいいから、バスを<u>おりて</u>歩いたらどう?

　　1 下りて　　　　2 居りて　　　　3 降りて　　　　4 終りて

問題3 (　　　)に入れるのに最もよいものを、1・2・3・4から一つえらびなさい。

15　問題を(　　　)には対話しかないと思います。

　　1 解決する　　　2 会話する　　　3 成功する　　　4 感動する

16　ここは桜もあり、(　　　)に来る人が多い。

　　1 景色　　　　　2 見物　　　　　3 季節　　　　　4 物語

17 事故が起きれば道は(　　　)する。
1 原因　　　　　　2 公害　　　　　　3 競争　　　　　　4 混雑

18 このパソコンはデータ(　　　)がとても早いです。
1 失敗　　　　　　2 資料　　　　　　3 事件　　　　　　4 処理

19 料理はやっぱり田中さんの方が(　　　)がいい。
1 首　　　　　　　2 頭　　　　　　　3 腕　　　　　　　4 足

20 (　　　)をして試合に出られなくなった。
1 ぐあい　　　　　2 けが　　　　　　3 ちょうし　　　　4 かわり

21 合格するためには勉強を(　　　)必要がある。
1 重ねる　　　　　2 集める　　　　　3 叫ぶ　　　　　　4 過ぎる

22 太陽が海の向こうに(　　　)いった。
1 過ぎて　　　　　2 捨てて　　　　　3 沈んで　　　　　4 切って

23 家計が(　　　)なって大学を退学した。
1 苦しく　　　　　2 汚く　　　　　　3 黒く　　　　　　4 可愛らしく

24 お母さんが(　　　)布団をかけてくれた。
1 ずいぶん　　　　2 およそ　　　　　3 そっと　　　　　4 ぎっしり

25 申し訳ないですが、今回の取引は(　　　)させていただきます。
1 アドバイス　　　2 イメージ　　　　3 オーダー　　　　4 キャンセル

問題4 _____ に意味が最も近いものを、1・2・3・4から一つえらびなさい。

26 この会社に入りたいなら、日本語は少なくとも能力試験N3をとらなければならない。

1 がんばっても　　　2 上手でも　　　　　3 好きでも　　　　　4 苦手でも

27 最近、息子がゲームばかりするので、スマホを隠した。

1 かぎをしめた　　　　　　　　　2 ともだちにゆずった

3 さがせない所においた　　　　　4 こわしてしまった

28 性格は変わるんだ。私も子供のころは大人しかったよ。

1 しずかだった　　　2 まじめだった　　　3 かっぱつだった　　　4 まえむきだった

29 去年は実が豊かな一年でした。

1 たくさんある　　　2 すくない　　　　　3 ほとんどない　　　4 ちょっとある

30 ぼくは彼女にわびなければなりません。

1 ほめなければ　　　2 あやまらなければ　　3 おしえなければ　　4 つかえなければ

問題5 つぎのことばの使い方として最もよいものを、一つえらびなさい。

31 派手

1 韓国の伝統料理は味が派手で、食べやすい。

2 彼は派手な性格なので、皆から好かれている。

3 この服、私にはちょっと派手じゃない？

4 派手に頑張らないと、何も得られないのだ。

32 感動

1 先生の本を読んでとても感動した。

2 感動の小説はいつ読んでもいいのだ。

3 彼の話を聞いて感動で涙が出てしまった。

4 今までいちばん感動の人はだれですか。

33 人気

1 この店でいちばん人気するメニューは何ですか。

2 彼は学校でいちばん人気な学生です。

3 もっと人気にしてくれない?

4 彼女はかわいいキャラクターで人気を集めている。

34 足りる

1 2に3を足りると5になる。

2 やさしい問題だから、簡単な説明で足りる。

3 重要なことだから足りて考えてみてください。

4 足りる食べ物はすぐ買ってきます。

35 とうとう

1 待ち望んでいたその日がとうとうきました。

2 先生になんでもとうとうと聞きなさい。

3 去年の冬はとうとう寒かったね。

4 ゲームをやめたいと言いながらも、とうとうやめられない。

 정답은 P.143

問題1 _____ のことばの読み方として最もよいものを、1・2・3・4から一つえらびなさい。

1 個人情報の重要さを軽んじてはいけない。

1 じょうほう　　　2 じょうほ　　　3 じょほう　　　4 じょうぼう

2 このコーヒーは柔らかい味が特徴です。

1 とくちょ　　　2 とっちょう　　　3 とくぜい　　　4 とくちょう

3 朝の通勤時間帯には渋滞が起きるしかない。

1 とうきん　　　2 つうきん　　　3 とうこう　　　4 つうこう

4 世界観の発見は新しい人生の始まりだ。

1 はつけん　　　2 はつげん　　　3 はっけん　　　4 はつみ

5 ローマ帝国時代の平均寿命は30歳程度だったという。

1 ひょうきん　　　2 ひょうどう　　　3 へいきん　　　4 へいどう

6 クリーニング屋さんに汚れた服を洗濯してもらった。

1 よごれた　　　2 きたがれた　　　3 よごしれた　　　4 よがれた

7 この世が笑い声に満ちる、その日を待ち望む。

1 あらい　　　2 わらい　　　3 あらそい　　　4 わずらい

8 外国人と深い関係を結ぶことはなかなか難しい。

1 あつい　　　2 ふとい　　　3 おもい　　　4 ふかい

問題2 _____のことばを漢字で書くとき、最もよいものを1・2・3・4から一つえらびなさい。

9 熱が下（さ）がって、体温（たいおん）がせいじょうにもどってきた。

　　1 正上　　　　　　2 生上　　　　　　3 正常　　　　　　4 生常

10 １９８０年代、韓国では民主化のなみが起きた。

　　1 波　　　　　　　2 涙　　　　　　　3 彼　　　　　　　4 氾

11 キムさんはソウル大学でほうりつを勉強している。

　　1 方律　　　　　　2 法律　　　　　　3 方津　　　　　　4 法津

12 朝起きてすぐはをみがきます。

　　1 派　　　　　　　2 葉　　　　　　　3 歯　　　　　　　4 歳

13 つかれすぎて、もうこれ以上動けない。

　　1 病れ　　　　　　2 労れ　　　　　　3 苦れ　　　　　　4 疲れ

14 先生、これからもどうぞよろしくおねがいします。

　　1 願い　　　　　　2 源い　　　　　　3 頼い　　　　　　4 致い

問題3 （　　　）に入れるのに最もよいものを、1・2・3・4から一つえらびなさい。

15 まもなく会議が始まりますので、皆さんは（　　　）に着（つ）いてください。

　　1 度　　　　　　　2 席　　　　　　　3 並　　　　　　　4 通

16 彼とは大学を（　　　）してから一度も会っていない。

　　1 開会　　　　　　2 閉会　　　　　　3 卒業　　　　　　4 教授

17 訪日の大きな(　　　)は友好関係を強化することだ。

1 用事　　　　　　2 目的　　　　　　3 用途　　　　　　4 問題

18 最近、ホーラー映画が(　　　)している。

1 約束　　　　　　2 理解　　　　　　3 様子　　　　　　4 流行

19 田舎は(　　　)が多くていいですが、交通はちょっと不便です。

1 緑　　　　　　　2 赤　　　　　　　3 黒　　　　　　　4 白

20 昔の(　　　)に出る日本の町を訪ねました。

1 山道　　　　　　2 市町村　　　　　3 橋　　　　　　　4 物語

21 お母さんによろしくお(　　　)ください。

1 迎え　　　　　　2 伝え　　　　　　3 召し上がり　　　4 使い

22 島根県と広島県を(　　　)JR線が廃止となった。

1 増やす　　　　　2 招く　　　　　　3 引っ越す　　　　4 結ぶ

23 乗り物のスピードのことなら(　　　)と書くのが正しいよ。

1 速い　　　　　　2 早い　　　　　　3 美味しい　　　　4 嬉しい

24 この映画の主人公は昔の自分と(　　　)だ。

1 がっかり　　　　2 しっかり　　　　3 そっくり　　　　4 すっかり

25 花が咲き始めたこの季節に(　　　)な音楽ですね。

1 ぴったり　　　　2 ゆったり　　　　3 すっきり　　　　4 あっさり

問題4 _____ に意味が最も近いものを、1・2・3・4から一つえらびなさい。

26 オーストラリアで新しい鳥が発見されたという。

1 見つかった 　　　 2 生まれた 　　　 3 発明された 　　　 4 得られた

27 私はきれい好きだから、部屋はいつも片づけられている。

1 きちんとしている　2 しっかりしている　3 すっかりしている　4 はっきりしている

28 医者から母の病気が進んだと言われました。

1 良くなった 　　　 2 治った 　　　 3 悪くなった 　　　 4 終わった

29 届け先の変更は不可です。

1 配達先 　　　 2 購入先 　　　 3 取引先 　　　 4 納品先

30 ヘアスタイルによって、印象がかなり変わるんだね。

1 アイデア 　　　 2 ユーモア 　　　 3 マナー 　　　 4 イメージ

問題5 つぎのことばの使い方として最もよいものを、一つえらびなさい。

31 退屈

1 サッカー試合でひざを退屈した。
2 パクさんはお父さんと退屈ですね。
3 ０：０だったけど、けっして退屈ではなかった。
4 仕事が面白く、毎日退屈ばかりだ。

32 整(とと)える

1 試合の前にコンディションを整(とと)える。

2 ソウル駅に行くには次の駅で整(とと)えます。

3 駐車場(ちゅうしゃじょう)ではないのに、いつも車が整(とと)えてある。

4 新しい学校での生活にはもう整(とと)えましたか。

33 引き受ける

1 いつの間にか大人に引き受けた。

2 私はいつも面倒くさい役割を引き受けるようになる。

3 引き受けて木村さんの発表です。

4 あのドアは強く引き受けないとなかなか開かない。

34 いただく

1 私が説明していただくから、よく聞いて。

2 先生、荷物は私がお持ちいただきます。

3 日本では食べ終わった後、いただきますと言います。

4 ご案内いただき、ありがとうございます。

35 呼(よ)び掛(か)ける

1 立ち入らないように注意を呼(よ)び掛(か)ける必要がある。

2 道に迷っていたので通りがかりの人に呼(よ)び掛(か)けてもらった。

3 番号を呼(よ)び掛(か)けられるとお入りください。

4 最近ソウルでは公害を呼(よ)び掛(か)けている。

정답은 P.143

問題1 _____のことばの読み方として最もよいものを、1・2・3・4から一つえらびなさい。

1 日本は<u>交通</u>が便利だと言われている。

　　1 こうつう　　　　2 きょうつう　　　　3 こうとう　　　　4 きょうとう

2 田中さんは大学院で現代史の<u>研究</u>をしている。

　　1 えんきゅう　　　2 けんきゅう　　　　3 えんきゅ　　　　4 けんきゅ

3 仕事において<u>経験</u>の有<ruby>無<rt>む</rt></ruby>はとても重要だ。

　　1 きょうげん　　　2 けいげん　　　　　3 きょうけん　　　4 けいけん

4 道ばたに<ruby>勝<rt>かって</rt></ruby>手に<u>駐車</u>してはいけない。

　　1 じゅうしゃ　　　2 ちゅうしゃ　　　　3 じゅしゃ　　　　4 ちゅしゃ

5 ねぎとにんにくは<u>細</u>かく切ってください。

　　1 せまかく　　　　2 ほそかく　　　　　3 こまかく　　　　4 ひろかく

6 彼は自分の間違いを知らないような<u>厚</u>かましい顔をしてした。

　　1 こうかましい　　2 うすかましい　　　3 おもかましい　　4 あつかましい

7 山田さんに聞いてみたら、<ruby>詳<rt>くわ</rt></ruby>しく<u>答</u>えてくれた。

　　1 こたえて　　　　2 とうえて　　　　　3 つたえて　　　　4 うたえて

8 地下鉄で<u>落</u>としたと思っていた<ruby>財布<rt>さいふ</rt></ruby>がこんなところにあった。

　　1 そとした　　　　2 おとした　　　　　3 ほとした　　　　4 もとした

問題2 ＿＿＿＿のことばを漢字で書くとき、最もよいものを1・2・3・4から一つえらびなさい。

⑨ 私のあねは去年、東京大学に合格して日本に行っている。

1 妹 2 好 3 姉 4 始

⑩ 午後1時にかいぎがあるので、12時50分までに集まってください。

1 会義 2 会議 3 合義 4 合議

⑪ 今はちしき産業が盛んな時代である。

1 知識 2 地職 3 知職 4 地識

⑫ 卒業と同時に彼女とわかれてもう10年になった。

1 分かれて 2 若れて 3 離れて 4 別れて

⑬ とても疲れて座りたかったが、あいている席がなかった。

1 会いている 2 合いている 3 空いている 4 開いている

⑭ たまたま学生にするどい質問をされる場合があります。

1 鈍い 2 鋭い 3 針い 4 銅い

問題3 （　　　）に入れるのに最もよいものを、1・2・3・4から一つえらびなさい。

⑮ アルバムのを（　　　）させるために非常に努力した。

1 完璧 2 完全 3 完成 4 完備

⑯ 約束がないかぎり、週末は（　　　）家にいます。

1 どんどん 2 たいてい 3 どっと 4 とても

17 私の兄も（　　　）結婚することになった。

1 だんだん　　　　2 どんどん　　　　3 とうとう　　　　4 あまり

18 子どもが白い（　　　）に落書きをしてしまった。

1 壁　　　　　　　2 電灯　　　　　　3 顔　　　　　　　4 水

19 妻が（　　　）で料理を作っているのが見える。

1 屋上　　　　　　2 台所　　　　　　3 階段　　　　　　4 部屋

20 学生たちは食堂に向かって（　　　）走っていった。

1 たいてい　　　　2 うっかり　　　　3 どっと　　　　　4 やっぱり

21 小学生は日が（　　　）前に家に戻らなければならない。

1 暮れる　　　　　2 消える　　　　　3 暮らす　　　　　4 消す

22 自転車は公害がなく、（　　　）道も通れる長所がある。

1 狭い　　　　　　2 広い　　　　　　3 細かい　　　　　4 高い

23 たとえ練習であっても（　　　）は厳しく守るべきだ。

1 ルール　　　　　2 ゲーム　　　　　3 スポーツ　　　　4 サッカー

24 今日は10時から授業が（　　　）ので遅れないようにしてください。

1 始める　　　　　2 初める　　　　　3 始まる　　　　　4 創める

25 人間と動物は昔から深い（　　　）を持っていた。

1 関心　　　　　　2 相手　　　　　　3 対象　　　　　　4 関係

問題4 _____ に意味が最も近いものを、1・2・3・4から一つえらびなさい。

26 天気予報によると、今日はだいぶ寒いらしい。

1 かなり　　　　　2 とうとう　　　　　3 たびたび　　　　　4 やっと

27 教室の中でうるさくしてはいけませんよ。

1 寝ては　　　　　2 捨てては　　　　　3 騒いでは　　　　　4 食べては

28 ゆうべ、どろぼうにお金を盗まれてしまった。

1 届けられて　　　2 送られて　　　　　3 行われて　　　　　4 取られて

29 去年、卒業旅行でヨーロッパへ行ってきた。

1 今年　　　　　　2 昨年　　　　　　　3 来年　　　　　　　4 毎年

30 忘れ物をして先生に叱られてしまった。

1 怒られて　　　　2 殴られて　　　　　3 起こされて　　　　4 誉められて

問題5 つぎのことばの使い方として最もよいものを、一つえらびなさい。

31 がっかり

1 宿題をがっかりしてしまった。

2 もうがっかり秋になった。

3 試験に落ちてがっかりしている。

4 歯ブラシはがっかり洗ってください。

32 　中止

1　雨で試合は中止になった。

2　車を中止してみてください。

3　風邪をひいた時は仕事を中止したほうがいい。

4　疲れてちょっと中止したくなった。

33　ぬるい

1　この料理はぬるい味がします。

2　話を聞いて彼の目はぬるくなった。

3　お茶はぬるい方が飲みやすいです。

4　動作がぬるくて時間がかかりすぎる。

34　にらむ

1　窓から山をにらんでいる男がいる。

2　そんな怖い目でにらまないでください。

3　さっき、本屋で本を一通りにらんできた。

4　テレビは遠く座ってにらんでください。

35　頼もしい

1　猫は日本人にとても頼もしい動物だ。

2　遠足に行って頼もしく遊んでいた。

3　となりの赤ちゃんはとても頼もしい。

4　彼女は頼もしい人だから心配しないでください。

정답은 P.144

問題1 _____のことばの読み方として最もよいものを、1・2・3・4から一つえらびなさい。

[1] 私の弟は腕の力がとても強い。

　1 おとおと　　　　2 おとうと　　　　3 おうとう　　　　4 おとうとう

[2] 田中さんは今度のパーティーに来られないそうです。

　1 こんと　　　　2 こんどう　　　　3 こんど　　　　4 こんとう

[3] 停車駅が変りましたので、ご注意ください。

　1 ちゅうい　　　　2 じゅうい　　　　3 ちゅい　　　　4 じゅい

[4] この表現は日本語らしくないですね。

　1 ぴょげん　　　　2 ひょげん　　　　3 ぴょうげん　　　　4 ひょうげん

[5] もし遅れる場合は早めに連絡ください。

　1 じょうあい　　　　2 じょうごう　　　　3 ばあい　　　　4 ばごう

[6] 木で作られた橋を車で通ってはいけない。

　1 かよって　　　　2 つうって　　　　3 とおって　　　　4 つよって

[7] 彼女はいつもコーヒーを濃くして飲んでいる。

　1 こく　　　　2 のうく　　　　3 うずく　　　　4 あつく

[8] 日本語では動詞が省略されることがある。

　1 しょうりゃく　　　　2 せいりゃく　　　　3 しょりゃく　　　　4 せんりゃく

問題2 _____のことばを漢字で書くとき、最もよいものを1・2・3・4から一つえらびなさい。

9 夏といってもよるはまだ寒い。

1 晩   2 昼   3 夜   4 死

10 来週は100ページまでよしゅうしてきなさい。

1 子習   2 予集   3 予修   4 予習

11 外国にいる娘からこくさい電話がかかってきた。

1 国祭   2 国際   3 国歳   4 国斉

12 うつした写真を明日までにおくってください。

1 写した   2 映した   3 移した   4 画した

13 先生、何時ごろうかがったらよろしいでしょうか。

1 可ったら   2 訪ったら   3 伺ったら   4 司ったら

14 田中さんのようなまじめな人と結婚したい。

1 真面目   2 真目面   3 面目真   4 面真目

問題3 (　　　)に入れるのに最もよいものを、1・2・3・4から一つえらびなさい。

15 この映画、(　　　)面白いですね。

1 あんまり   2 とうとう   3 なかなか   4 たびたび

16 日本語の書き方を教えていただければ (　　　) です。

1 残念   2 無理   3 幸い   4 災い

17　地球は（　　　　）のために守るべきだ。

1　人数　　　　　　2　人物　　　　　　3　人類　　　　　　4　人格

18　他の（　　　　）を持っていらっしゃる方は自由にお話しください。

1　意見　　　　　　2　意味　　　　　　3　意義　　　　　　4　意志

19　この町は夜になったら（　　　　）なって怖い。

1　黒く　　　　　　2　明るく　　　　　3　暗く　　　　　　4　面白く

20　仕事のため、先月から大阪に（　　　　）いる。

1　暮して　　　　　2　住んで　　　　　3　生きて　　　　　4　引っ越して

21　私は日本の文化にとても（　　　　）があります。

1　地味　　　　　　2　趣味　　　　　　3　意味　　　　　　4　興味

22　テストが始まるから本は（　　　　）ください。

1　引いて　　　　　2　探して　　　　　3　見つけて　　　　4　閉じて

23　強い風がなかなか（　　　　）。

1　なおらない　　　2　やまない　　　　3　やめない　　　　4　できない

24　このレストランはお客に対する（　　　　）がいいことで有名だ。

1　アルコール　　　2　チケット　　　　3　サービス　　　　4　シリーズ

25　けがした足に薬を（　　　　）学校へ行きました。

1　買って　　　　　2　吹いて　　　　　3　洗って　　　　　4　塗って

26 毎日練習すれば<u>いまに</u>上手になるよ。

　1 ただいま　　　　2 いままで　　　　3 もうすぐ　　　　4 いますぐ

27 先生は山田君に学校に来なかった<u>わけ</u>を聞きました。

　1 目的　　　　　　2 時期　　　　　　3 意見　　　　　　4 理由

28 田舎^{いなか}はいやだ。ちょっと<u>やかましい</u>ところに引っ越したい。

　1 派手な　　　　　2 大きい　　　　　3 賑やかな　　　　4 広い

29 技術^{ぎじゅつ}が<u>発達した</u>からといって住みやすくなるとは言えない。

　1 進んだ　　　　　2 習った　　　　　3 増えた　　　　　4 上がった

30 先生の<u>おっしゃる</u>とおりです。

　1 いらっしゃる　　2 言われる　　　　3 ご覧になる　　　4 なさる

問題5 つぎのことばの使い方として最もよいものを、一つえらびなさい。

31 ちっとも

　1 5月になって、<u>ちっとも</u>春になった。

　2 すずき君はお兄さんと<u>ちっとも</u>だ。

　3 いくら話しても<u>ちっとも</u>変らない。

　4 高くてまずい店は<u>ちっとも</u>行かない。

[32] 借りる

1 傘を二本持っているから、一本借りてやるよ。

2 友だちに電話を借りてもらった。

3 先生が辞書を借りてくださいました。

4 この本、一週間借りてもいいですか。

[33] 痛がる

1 朝から頭が痛がってきている。

2 戦争のニュースを聞きながら心が痛がった。

3 山田君は昨日けがした足をまだ痛がっている。

4 足が痛がってとうてい歩けない。

[34] 勝手

1 生徒たちは勝手に勉強している。

2 簡単なテキストだから、勝手に読んでみなさい。

3 自分の部屋は自分で勝手に掃除しておきましょう。

4 勝手に外に出てはいけませんよ。

[35] 必ずしも

1 レポートは明日までに必ずしも出してください。

2 肉は必ずしも食べないようにしてください。

3 必ずしもなおるから心配しないで。

4 科学が必ずしも正しいとは限らない。

정답은 P.144

問題1 _____のことばの読み方として最もよいものを、1・2・3・4から一つえらびなさい。

1 この島にはだれも住んでいないそうだ。

1 とり　　　　　　2 しま　　　　　　3 やま　　　　　　4 と

2 父は病気になっても休もうとしない人だ。

1 へいき　　　　　2 びようき　　　　3 びょうき　　　　4 びょういん

3 この工場では電気製品を作っている。
　　　　　　でん き せいひん

1 こうじょう　　　2 こうじょ　　　　3 こうば　　　　　4 くうじょう

4 ここの地理には詳しいから心配しないでください。
　　　　　　　　　　　　　　しんぱい

1 ちり　　　　　　2 つち　　　　　　3 じり　　　　　　4 とち

5 週末は家族と登山に行くことにしている。

1 とうさん　　　　2 とさん　　　　　3 とうざん　　　　4 とざん

6 運動を通して体の具合がだんだんよくなってきた。
　　　　とお　　からだ

1 じょうたい　　　2 ちょうし　　　　3 ぐあい　　　　　4 ぐごう

7 スマホでバス代まで払うなんて、とても便利だ。

1 かう　　　　　　2 あらう　　　　　3 はらう　　　　　4 しはらう

8 授業に遅刻して先生に叱られてしまった。
　　　　ち こく

1 おこられて　　　2 しかられて　　　3 のこられて　　　4 かえられて

問題2 ＿＿＿＿＿のことばを漢字で書くとき、最もよいものを1・2・3・4から一つえらびなさい。

9 今日は友だちと<u>ひる</u>ご飯を食べることにした。

1 昼   2 朝   3 夜   4 夕

10 私は<u>しんせつ</u>に教えてくれる先生が好きだ。

1 親説   2 新切   3 親切   4 新説

11 田舎（いなか）の学校では<u>せいと</u>たちがみんな友だちです。

1 正徒   2 生徒   3 正走   4 生走

12 いい天気が<u>つづいて</u>いるから、ピクニックでも行きましょう。

1 断いて   2 結いて   3 続いて   4 終いて

13 <u>かんたん</u>な問題ですから誰（だれ）でも分かります。

1 簡単   2 間単   3 簡段   4 間段

14 得（え）たいなら積極的（せっきょくてき）に<u>もとめ</u>なければならない。

1 求め   2 元め   3 球め   4 許め

問題3 （   ）に入れるのに最もよいものを、1・2・3・4から一つえらびなさい。

15 村田先生はこの学校で誰より（   ）されています。

1 尊重（そんちょう）   2 尊敬（そんけい）   3 教訓（きょうくん）   4 相談（そうだん）

16 今も世界には学校さえ行けない（   ）子どもがたくさんいる。

1 かわいい   2 きれいな   3 かわいそうな   4 うれしい

[17] お金の頼^{たの}みならどんなに親^{した}しくても（　　　）ことにしています。

1 借りる　　　　　　2 貸す　　　　　　　3 断る　　　　　　4 答える

[18] 荷物^{に もつ}は全部あちらに（　　　）おいてください。

1 包んで　　　　　　2 作って　　　　　　3 積んで　　　　　　4 続いて

[19] 上司^{じょう し}と相談もせずに（　　　）決めてはいけませんよ。

1 おもに　　　　　　2 かってに　　　　　3 めったに　　　　　4 おなじに

[20] 子どもが学校から帰ってくる時間なので（　　　）帰ります。

1 だんだん　　　　　2 どんどん　　　　　3 そろそろ　　　　　4 いよいよ

[21] 一日は無理かもしれないが（　　　）8時間は練習したい。

1 あくまで　　　　　2 すくなくとも　　　3 おそらく　　　　　4 すこし

[22] 何回も宝くじを買ってみたが、（　　　）当たらない。

1 そろそろ　　　　　2 とうとう　　　　　3 なかなか　　　　　4 ちょうど

[23] 私は何時に寝ても（　　　）6時になると目が覚める。

1 ちょっと　　　　　2 しっかり　　　　　3 ちょうど　　　　　4 ちゃんと

[24] 世界的なチームの試合は（　　　）すばらしかった。

1 なるべく　　　　　2 ぜんぜん　　　　　3 やはり　　　　　　4 あんがい

[25] 誕生日のプレゼントで赤い（　　　）をもらいました。

1 セット　　　　　　2 メートル　　　　　　3 ソフト　　　　　　4 セーター

問題4 ＿＿＿＿に意味が最も近いものを、1・2・3・4から一つえらびなさい。

[26] 中田さんは<u>たいへん</u>面白い人ですね。

1 ちょっと　　　　　2 あまり　　　　　　3 とても　　　　　　4 ひどい

[27] すみませんが、日を<u>改<ruby>あらた</ruby>めたい</u>です。

1 取り消ししたい　　2 <ruby>へんこう</ruby>変更したい　　　3 <ruby>けってい</ruby>決定したい　　　4 <ruby>えんき</ruby>延期したい

[28] プレゼントですね。きれいな紙で<u>おつつみしましょう</u>。

1 <ruby>さくせい</ruby>作成しましょう　　2 <ruby>そうしょく</ruby>装飾しましょう　　3 <ruby>ほうそう</ruby>包装しましょう　　4 <ruby>かいふう</ruby>開封しましょう

[29] たぶん、<u>おおざっぱな</u>内容<ruby>ないよう</ruby>は知っているだろう。

1 <ruby>くわ</ruby>詳しい　　　　　2 <ruby>すべ</ruby>全ての　　　　　3 <ruby>せいかく</ruby>正確な　　　　4 <ruby>だいたい</ruby>大体の

[30] 正直<ruby>しょうじき</ruby>な人だから<u>けっして</u>嘘<ruby>うそ</ruby>はつかないはずだ。

1 <ruby>ぜったい</ruby>絶対　　　　　2 <ruby>かなら</ruby>必ず　　　　　3 ぜひ　　　　　　4 はっきり

問題5 つぎのことばの使い方として最もよいものを、一つえらびなさい。

[31] 今<ruby>いま</ruby>ごろ

1 <u>今<ruby>いま</ruby>ごろ</u>日本でも働く女性が増えています。

2 <u>今<ruby>いま</ruby>ごろ</u>雨が降り出しそうな空ですね。

3 <u>今<ruby>いま</ruby>ごろ</u>ふるさとでは雪が降っているでしょう。

4 <u>今<ruby>いま</ruby>ごろ</u>科学が発展していくだろう。

[32] 機会（きかい）

1 日本の歴史を習った機会（きかい）があります。

2 すみませんが、今日は別の機会（きかい）があります。

3 この工場では新しい機会（きかい）を使っています。

4 近くに来る機会（きかい）があったら、ぜひ寄ってください。

[33] 故障（こしょう）

1 故障（こしょう）しているところは危ないから行かないように。

2 この店は日曜日に故障（こしょう）します。

3 佐藤さんは故障（こしょう）して学校を休んでいます。

4 電車が故障（こしょう）して会社に遅れてしまった。

[34] 場合（ばあい）

1 約束の場合はどこにしましょうか。

2 この場合では電気製品を作っています。

3 日本人でも漢字が読めない場合があります。

4 このレストランは場合がいいですね。

[35] 差別（さべつ）

1 ふたごは顔が似ていて差別（さべつ）が難しいです。

2 日本語は和語、漢語、外来語などに差別（さべつ）されています。

3 彼は一週間前に恋人と差別（さべつ）したそうだ。

4 成績（せいせき）のことで兄弟を差別（さべつ）してはいけません。

정답은 P.144

問題1 ＿＿＿＿＿のことばの読み方として最もよいものを、1・2・3・4から一つえらびなさい。

1 もう２０年も前の昔の話だ。

    1 むかい   2 むなし   3 むかし   4 おかし

2 夫は今、出かけております。

    1 おうと   2 おふと   3 おっと   4 おひと

3 このまちには古い建物がとても多い。

    1 けんぶつ   2 たてもの   3 けんもの   4 たてぶつ

4 セミナーをするなら、もっと広い会場を探したほうがいいよ。

    1 あいじょう   2 かいじょ   3 あいじょ   4 かいじょう

5 あんなに努力したのに、試験におちてしまった。

    1 どりょく   2 のりょく   3 どうりょく   4 のうりょく

6 オリンピックは４年に一回行われています。

    1 おこわれて   2 いかわれて   3 おこなわれて   4 いかなわれて

7 国の経済について討論する。

    1 けいさい   2 げいえい   3 けいざい   4 げいざい

8 田中さんは正直な人だから任せてもいいだろう。

    1 せいじき   2 しょうじき   3 せいちょく   4 しょうちょく

9 日本にはすしのようなさかなの料理が多い。

  1 漁   2 波   3 魚   3 海

10 すうがくに弱くて、いつもだれかに教えてもらっている。

  1 数学   2 科学   3 類学   4 音楽

11 日本のりょかんは韓国と違ってとても高いです。

  1 族館   2 旅飯   3 族飯   4 旅館

12 誰でもれんしゅうすればできるようになるから、頑張ってください。

  1 練習   2 連習   3 練修   4 連修

13 学校の中で一番人気がある所はばいてんだ。

  1 買店   2 売店   3 買園   4 売園

14 思ったよりやさしい問題ではありませんでした。

  1 珍しい   2 優しい   3 易しい   4 難しい

問題3 （　　　）に入れるのに最もよいものを、1・2・3・4から一つえらびなさい。

15 私の名前はおじいさんがつけて（　　　）んです。

  1 あげた   2 もらった   3 いただいた   4 くれた

16 これは遠足にいったとき、先生がとって（　　　）写真です。

  1 さしあげた   2 いたただいた   3 くださった   4 あげた

17 私は時々となりのかわいい子にあめを買って（　　　　）。

1 さしあげます　　　2 いただきます　　　3 くれます　　　　4 やります

18 もうしわけありませんが、ちょっと手伝って（　　　　）。

1 あげませんか　　　2 さしあげますか　　3 やりますか　　　　4 もらえませんか

19 昨夜はとなりからテレビの音が（　　　　）よく眠れなかった。

1 つまらなくて　　　　　　　　　2 めんどうくさくて

3 やかましくて　　　　　　　　　4 やわらかくて

20 お父さんにもアイスクリームを（　　　　）おきましょう。

1 太って　　　　　2 冷えて　　　　　3 光って　　　　　4 残して

21 もう20連勝か。（　　　　）みる強いチームだな。

1 むだに　　　　　2 むりに　　　　　3 まれに　　　　　4 ぎゃくに

22 ちょっと小さいんですが、（　　　　）大きいのはありませんか。

1 やっと　　　　　2 きっと　　　　　3 ちゃんと　　　　4 もっと

23 病院はあの角を左に曲まがって4（　　　　）目です。

1 台　　　　　　　2 個　　　　　　　3 回　　　　　　　4 軒

24 私はかさを2（　　　　）持っていますから、貸してあげますよ。

1 台　　　　　　　2 匹　　　　　　　3 本　　　　　　　4 冊

25 参加者は40人ぐらいだから、コピーは50（　　　　）しておきましょう。

1 枚　　　　　　　2 回　　　　　　　3 杯　　　　　　　4 頭

26 だんだん生活は<u>きびしく</u>なっている。

1 こわく　　　　　2 きつく　　　　　3 さびしく　　　　　4 つまらなく

27 春といっても夜は<u>冷えてくる</u>から気をつけなさい。

1 涼しくなる　　　2 暑くなる　　　　3 寂しくなる　　　　4 寒くなる

28 妹の卒業祝いに中華料理を<u>ごちそうした</u>。

1 おごった　　　　2 食べた　　　　　3 注文した　　　　　4 作った

29 私は海辺の村で<u>育った</u>ので、水泳には自信があります。

1 遊んだ　　　　　2 住んだ　　　　　3 成長した　　　　　4 生まれた

30 彼は健康のために、お酒を<u>ちっとも</u>飲まない。

1 すこし　　　　　2 いつも　　　　　3 すこしも　　　　　4 すくなくとも

31 かわいがる

1 私は小さいときから親を<u>かわいがって</u>いた。

2 田中さんは犬をとても<u>かわいがって</u>います。

3 友だちからもらった手紙を<u>かわいがって</u>いる。

4 自分の国を<u>かわいがら</u>なければなりません。

32 お礼

1 卒業のお礼にかばんをもらいました。

2 先生が入院しているので、お礼を言いに行きました。

3 手伝ってもらったときは、お礼を言いましょう。

4 恋人の誕生日にお礼をあげたいです。

33 意見

1 辞書でこの言葉の意見を調べてみました。

2 あの人は意見が強いから、大丈夫だろう。

3 すみませんが、使い方を意見してくれませんか。

4 彼女はみんなの前で自分の意見を言いました。

34 節約 <small>せつやく</small>

1 彼女はとても節約<small>せつやく</small>な生活をしています。

2 ちょっとうるさいですが、音を節約<small>せつやく</small>してくれませんか。

3 銀行に節約<small>せつやく</small>したお金を全部使ってしまった。

4 ガソリン代を節約<small>せつやく</small>するために電車で出勤<small>しゅっきん</small>している。

35 しっかり

1 夢のためなら、しっかり勉強しなさい。

2 この家はしっかり古いですね。

3 田中さんは約束にしっかりとしています。

4 面接<small>めんせつ</small>のためにしっかりに準備しています。

정답은 P.144

정답

●● 연습문제

問題 1	01.④	02.①	03.④	04.②	05.①	06.③	07.④	08.①
問題 2	01.③	02.③	03.②	04.②	05.①	06.③		
問題 3	01.②	02.③	03.①	04.④	05.④	06.②	07.①	08.③
	09.③	10.②	11.②					
問題 4	01.④	02.①	03.①	04.③	05.④			
問題 5	01.③	02.①	03.③	04.④	05.④			

問題 1	01.①	02.③	03.④	04.②	05.①	06.②	07.①	08.③
問題 2	01.①	02.④	03.②	04.③	05.③	06.①		
問題 3	01.②	02.④	03.③	04.①	05.③	06.④	07.②	08.③
	09.④	10.④	11.①					
問題 4	01.④	02.④	03.④	04.②	05.③			
問題 5	01.②	02.③	03.①	04.④	05.①			

問題 1	01.②	02.③	03.④	04.①	05.②	06.②	07.①	08.③
問題 2	01.①	02.②	03.④	04.③	05.①	06.③		
問題 3	01.②	02.①	03.④	04.④	05.①	06.④	07.④	08.②
	09.④	10.④	11.③					
問題 4	01.②	02.①	03.③	04.④	05.①			
問題 5	01.④	02.①	03.④	04.④	05.②			

問題 1	01.②	02.①	03.①	04.③	05.②	06.②	07.①	08.③
問題 2	01.④	02.③	03.③	04.①	05.②	06.④		
問題 3	01.③	02.③	03.①	04.③	05.①	06.③	07.③	08.④
	09.③	10.②	11.①					
問題 4	01.②	02.③	03.①	04.④	05.④			
問題 5	01.②	02.④	03.③	04.③	05.③			

問題 1	01.④	02.②	03.①	04.③	05.③	06.①	07.③	08.④
問題 2	01.③	02.③	03.①	04.③	05.②	06.④		
問題 3	01.②	02.①	03.②	04.④	05.③	06.②	07.③	08.②
	09.①	10.②	11.④					

| 問題 4 | 01.① | 02.③ | 03.④ | 04.④ | 05.④ |
| 問題 5 | 01.③ | 02.③ | 03.④ | 04.① | 05.③ |

●● 종합 모의고사

CHAPTER 1-5 종합 모의고사 ❶ ───────────────────────────── P.51

問題 1	01.③	02.①	03.①	04.③	05.②	06.①	07.③	08.②
問題 2	09.①	10.③	11.②	12.①	13.②	14.①		
問題 3	15.①	16.①	17.④	18.②	19.③	20.①	21.④	22.②
	23.③	24.①	25.④					
問題 4	26.①	27.③	28.②	29.②	30.①			
問題 5	31.④	32.③	33.②	34.①	35.③			

CHAPTER 1-5 종합 모의고사 ❷ ───────────────────────────── P.55

問題 1	01.②	02.①	03.④	04.③	05.②	06.①	07.②	08.②
問題 2	09.②	10.③	11.④	12.①	13.①	14.④		
問題 3	15.②	16.③	17.①	18.③	19.④	20.③	21.②	22.③
	23.②	24.①	25.③					
問題 4	26.④	27.②	28.③	29.①	30.②			
問題 5	31.④	32.②	33.①	34.①	35.④			

●● 연습문제

CHAPTER 6 ─── P.62

問題 1	01.②	02.②	03.④	04.①	05.①	06.①	07.④	08.①
問題 2	01.①	02.③	03.④	04.②	05.①	06.②		
問題 3	01.①	02.③	03.③	04.①	05.②	06.④	07.①	08.②
	09.③	10.①	11.③					
問題 4	01.④	02.③	03.②	04.④	05.①			
問題 5	01.④	02.③	03.④	04.④	05.③			

142

144